小尺度自航船模
在内河航运中的应用研究

王斐 李少希 张明进 乾东岳 ◎著

XIAO CHIDU ZIHANG CHUANMO
ZAI NEIHE HANGYUN ZHONG DE
YINGYONG YANJIU

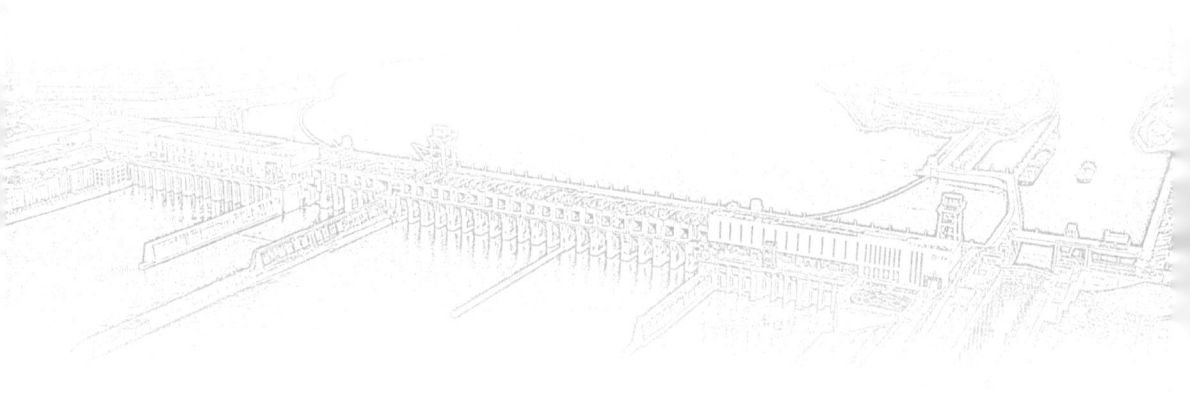

河海大学出版社
HOHAI UNIVERSITY PRESS
·南京·

内容提要

本书介绍了小尺度自航船模试验技术发展现状，阐述了小尺度自航船模设计制作及校准，分析了小尺度自航船模在航道整治、船闸改扩建工程通航研究以及隧洞安全通航研究中的应用，并浅谈了小尺度自航船模发展的智能化趋势，为内河通航研究提供了有益借鉴。

本书可为从事内河通航研究有关的工程设计、研究的科学技术人员参考使用。

图书在版编目(CIP)数据

小尺度自航船模在内河航运中的应用研究 / 王斐等著. --南京：河海大学出版社，2023.10
ISBN 978-7-5630-8378-7

Ⅰ.①小… Ⅱ.①王… Ⅲ.①船模试验-内河运输-研究 Ⅳ.①U661.73

中国国家版本馆 CIP 数据核字(2023)第 186014 号

书　　名	小尺度自航船模在内河航运中的应用研究
书　　号	ISBN 978-7-5630-8378-7
责任编辑	杜文渊
文字编辑	岳盈娉
特约校对	李浪　　杜彩平
装帧设计	徐娟娟
出版发行	河海大学出版社
地　　址	南京市西康路 1 号(邮编：210098)
电　　话	(025)83787763(编辑室)　　(025)83722833(营销部)
经　　销	江苏省新华发行集团有限公司
排　　版	南京月叶图文制作有限公司
印　　刷	广东虎彩云印刷有限公司
开　　本	700 毫米×1000 毫米　1/16
印　　张	9.25
字　　数	180 千字
版　　次	2023 年 10 月第 1 版
印　　次	2023 年 10 月第 1 次印刷
定　　价	58.00 元

编委会

著作者

王 斐　李少希　张明进　乾东岳

参与人员

杨 阳　闫 涛　王 鑫　普晓刚
章日红　赵家强　彭 伟　金 辉
齐春风　许海勇　朱傲然　刘 哲
张 明　乔华倩

前 言

船舶在内河航道、湖区、港口等可航水域航行时，受到水域边界、水流条件、涉水工程等的影响，其通航安全面临严峻考验。因此在航运管理、航道整治工程、枢纽通航水流条件、桥渡通航条件以及通航河流突然性灾害研究中，通过实验室小尺度自航船模试验论证船舶的通航安全是十分必要的。

以研究港口、航道等水运工程为目的的河工模型有着悠久的历史，传统的河工模型试验技术对于确定通航工程的优化设计和解决工程的泥沙问题和通航问题，至今仍不失为有效的试验研究方法。但是在研究通航水流条件及船舶航行条件的问题时，河工模型只能以水力学指标分析船舶（队）的航行情况，使这类问题的研究范围与深度受到一定影响。

本书研究成果应用于大藤峡枢纽下游水位未衔接段航道研究、来宾至桂平2 000 t级航道工程羊栏滩段航道研究、艳洲枢纽通航研究以及白市枢纽通航隧洞通航研究。针对不同工程特点，船舶进、出研究河段，枢纽船闸引航道口门区及连接段的安全航行操纵技术，为类似工程的建设提供技术支撑。此外，本书研究丰富了国内平原、山区河流航道整治以及隧洞通航的成果及理论，结合工程的实际情况提出的通航安全技术将为我国航道整治及枢纽的建设提供强有力的技术支撑，为其他类似工程提供借鉴和参考。

关于船模在通航研究中的应用，国内外学者已做了大量研究，但目前针对航道、枢纽及隧洞通航综合研究方面较为少见。本书主要对小尺度自航船模在航道整治工程、新建及改扩建船闸工程以及隧洞通航等多种类工程中的应用进行初步研究，限于作者水平，书中难免有欠妥和不当之处，希望读者批评指正。

作者

2023 年 4 月 20 日

目 录

第1章 小尺度自航船模试验技术 ······ 1
1.1 概论 ······ 2
1.2 小尺度自航船模现状 ······ 3
1.3 内河航运研究 ······ 7

第2章 小尺度自航船模设计制作及校准 ······ 9
2.1 设计制作 ······ 10
2.2 船模静水和运动性能校准 ······ 15
2.3 试验控制条件及航行判别标准 ······ 16

第3章 平原、山区河流航道整治应用 ······ 19
3.1 大藤峡枢纽下游水位未衔接段航道船模航行试验研究 ······ 20
3.2 来宾至桂平 2 000 t 级航道工程羊栏滩物理模型研究 ······ 38

第4章 船闸改扩建工程通航研究应用 ······ 59
4.1 项目概况 ······ 60
4.2 试验船型和船模尺度 ······ 62
4.3 试验控制条件 ······ 63
4.4 碍航特性 ······ 64
4.5 设计方案 ······ 64
4.6 优化试验研究 ······ 80
4.7 结论 ······ 106

第 5 章　隧洞安全通航研究应用 ······ 109
5.1　项目概况 ······ 110
5.2　试验船型和船模尺度 ······ 111
5.3　方案布置 ······ 112
5.4　隧洞长度 460 m 方案试验研究 ······ 114
5.5　隧洞长度 550 m 方案试验研究 ······ 119
5.6　结论与建议 ······ 126

第 6 章　小尺度自航船模发展的智能化趋势 ······ 131
6.1　船模试验技术发展 ······ 132
6.2　小尺度自航船模应用拓展 ······ 133

参考文献 ······ 135

第 1 章

小尺度自航船模试验技术

1.1 概论

　　船舶在内河航道、湖区、港口等可航水域航行时，受到水域边界、水流条件、涉水工程等的影响，其通航安全面临严峻考验[1]。因此在航运管理、航道整治工程、枢纽通航水流条件、桥渡通航条件以及通航河流突然性灾害研究中，通过实验室小尺度自航船模试验论证船舶的通航安全是十分必要的。

　　以研究港口、航道等水运工程为目的的河工模型有着悠久的历史，传统的河工模型试验技术对于确定通航工程的优化设计和解决工程的泥沙问题和通航问题，至今仍不失为有效的试验研究方法。但是在研究通航水流条件及船舶航行条件的问题时，河工模型只能以水力学指标分析船舶（队）的航行情况，使这类问题的研究范围与深度受到一定影响[2]。

　　微型无线电遥控技术的发展，开创了自航船模小型化、多用途的研究方向。因此，一种专用在河工模型中的小比尺遥控自航船模应运而生，实验室自航船模试验能够相对直观、真实地反映出试验区域船舶与水流条件的相互作用及船舶实时航行状态，为航道工程设计和优化提供了大量翔实可靠的科学依据。早在20世纪70年代，我国科技人员首次在长江葛洲坝水利枢纽模型中采用了1/100船模来分析通航条件[3]，之后在广大科技人员的努力下，这项技术逐步发展完善。在船模航行试验研究领域已取得了大量的研究成果，研究手段和方法也日趋成熟。研究工作者运用船模结合河工模型来研究通航条件问题，优化航道或通航建筑物设计，两者的结合在解决关键技术性问题中（如长江上的三峡枢纽、葛洲坝枢纽；右江上的那吉枢纽、鱼梁枢纽等；西江上的长洲枢纽；湘江上的大源渡枢纽、株洲枢纽等）发挥了重要的作用。

　　船模航行试验是研究航道和通航建筑物优化设计的一种重要而有效的方法。由于船模的尺度小，易于制造和改造，因此试验成本低，周期短。实践证明，运用船模结合河工模型来研究通航水流条件及船舶航行条件问题，比单纯使用河工模型更具直观性和科学性[4]。

1.2 小尺度自航船模现状[1]

1.2.1 控制技术与相似理论

国外开展小尺度自航船模试验较早。Ayukawa等[5]在1968年开展了船模遥控技术研究。近年来运用遥控自航船模进行船舶自动控制算法开发成为研究热点。如Skjetne等[6]针对一类描述船舶动力学的参数不确定非线性系统,提出了一种自适应递推设计方法,采用遥控自航船模(见图1-1)对自动控制算法进行了验证。Ramos等[7]以缩尺船模为研究对象,从回转台操纵的试验输入和输出数据出发,建立了尺度船模型的模糊单件模型,并在此基础上提出了一种模糊模型参考学习控制器(FMRLC)的构造方法,用于船舶模型航向的控制。Ghaemi等[8]采用自航船模(见图1-2)进行了基于方向舵控制的船航迹预测控制(MPC)策略设计,并通过集成微扰分析和顺序二次规划(INPASQP)算法进行了试验验证。Shen等[9]采用多个船模联合操控系统(见图1-3)用于自动避碰系统研究。然而,国外自航船模大多在静水环境中开展船舶操纵运动模拟试验研究,研究对象多为外海船舶,未充分考虑沿海和内河复杂水流条件对船舶运动的影响。

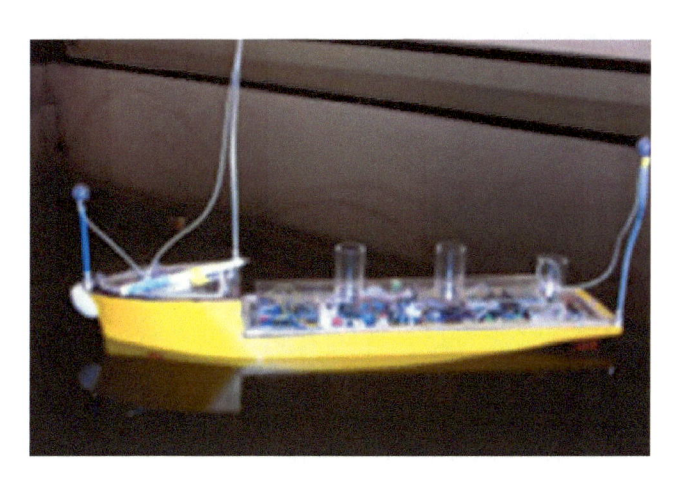

图1-1 Roger Skjetne试验用船模

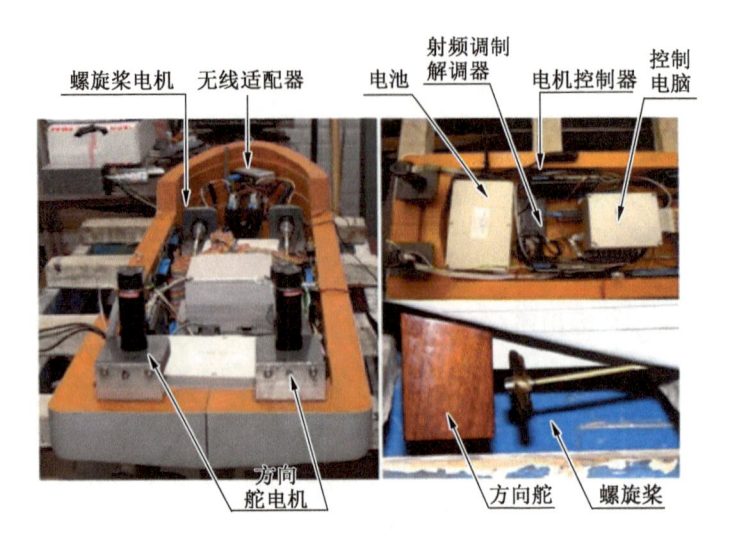

图 1-2 R. Ghaemi 试验用船模

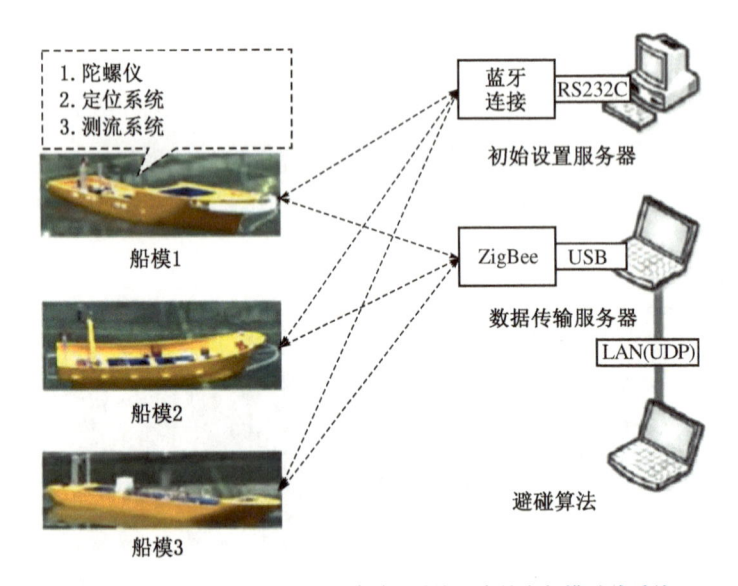

图 1-3 Haiqing Shen 用于自动避碰系统研究的多船模试验系统

船模相似理论方面，相关学者曾针对远远小于常规试验船模尺度的模型如何修正缩尺效应以及反映实船操纵的可靠性问题，进行了详尽深入的研究，包括利用船舶操纵运动一阶微分方程模拟静水船舶操纵运动，利用减小船模舵面积办法来补偿缩尺效应等，类似研究为船模率定和航行试验技术的发展奠定了基础。

国内学者高家镛等[10]通过分析船舶追随性指数 T 以及回转性指数 K 论述了船模实船间操纵性能的相互关系。郝亚平[11-13]等对船模航迹自动仪和无线电操纵系统进行了相关研究。刘耀明[14]利用自航船模试验对分节顶推船队的操纵性预报作进一步的分析讨论。岑长裔[15]针对如何消除船桨干扰问题的尺度影响进行了相关研究。费乃振等[16]利用遥控自航船模开展了纯横浪条件下的舵减摇试验研究。严伟等[17]对船模缩尺效应影响原因作了相关分析。刘卫斌等[18]分析了船模阻力试验不确定度评定现状，针对存在的问题，给出了评定湿表面积不确定度的新方法。李晓飚等[19]通过分析误差产生的原因，采用平滑与滤波技术有效减少了随机误差对激光扫描测量技术结果的影响。刘志华等[20]通过引入虚流体运动粘性系数，在数值计算中实现了缩尺船模与实船的雷诺数相似。何惠明[21]阐述了船模规则波自航试验的方法及自航因子频率响应曲线的数据整理和表达方法，并通过研究不规则波中收到功率的谱分析统计预报方法，给出了不规则波中船舶的失速预报方法。施奇等[22]、孙子翰等[23]基于 ITTC（International Towing Tank Conference，国际拖曳水池会议）建议的不确定度估计方法，分别对船模的船型因子（1＋K）、湿面积（S）、弗劳德数（Fr）以及船模回旋试验进行了不确定度分析，给出了分析结果，并且计算出在试验速度下各阻力系数 C_i 的偏差限、精度限和总不确定度，对试验结果进行了综合分析。郭京等[24]利用浮标式浪高仪对沿海波浪环境进行测量分析，建立了适用于沿海试验的大尺度遥控遥测自航船模测试系统，并开展同吨级圆舭船型和深 V 复合船型大尺度船模在沿海风浪环境下的耐波性试验研究。吴乘胜等[25]针对水面船模阻力数值的水池试验，开展了不确定度评估研究，分析试验船模与实际船舶航行阻力相似性等问题。

1.2.2 重大工程中的应用

20 世纪 70 年代初期，鉴于长江葛洲坝工程通航的重要性和复杂性，长江科学院与武汉中原无线电厂合作开发遥控自航船模，在国内首次应用于通航水力学研究[26]。长江科学院在葛洲坝工程南津关航道整治、三江航道和大江航道的通航条件方面进行了大量的自航船模试验[27-28]。天津水运工程科学研究所李一兵团队[29-34]自 20 世纪 80 年代中期，运用小尺度自航船模（见图 1-4）为三峡工程坝区航道的通航水流条件及船闸上游隔流堤布置方案研究进行了大量试验。20 世纪 90 年代以来天津水运工程科学研究所、长江科学院、西南水运工程科学研究所参加宜昌前坪三峡工程船模联合试验，随后自航船模在航道整治、枢纽通航、桥区通航等内河通航水力学方面得到广泛应用[35-38]。"十三五"时期，随着我国高等级航道网的规划和建设，引出一大批山区河流航道"扩能提等"的需求。因其具有狭窄、弯曲、流急、通航条件复杂的特点，在山区航道设计参数和水流条件研究中，小尺度自航船模发挥了巨大作用。蔡汝哲等[39]利用小尺度船模试验给出了弯曲航道中船舶漂移角的影响因素和计算式，Ai Wanzheng 等[40]给出船舶漂角计算修正公式。采用小尺度自航船模试验，戴玉婷[41]和曾方[42]通过获取船模操纵参数来判断弯曲航道水流条件优劣。陈野鹰等[43]对山区河流连续弯段航道的通航参数进行了论证和优化设计，蔡创等[44]研究了小半径回头弯曲航道的通航条件。

图 1-4 2 000 t 级遥控自航船模

航行轨迹观测方面，传统方式基于视频识别采用高空广角镜头拍摄船模运动，后期通过人工处理进行航迹追踪。1986 年上海交通大学从荷兰引进并改进了激光轨迹仪，保证了试验精度[45]。2012 年天津水运工程科学研究所与北京尚水科技有限公司合作开发了 SMMS 船模系统，采用视频自动追踪技术追踪船舶二维运动姿态，提高了观测设备可靠性及试验精度。重庆大学提出一种基于深度学习的航行轨迹测量方法，采用 Faster RCNN 算法对船模进行初定位，再利用帧间差分法和 Freeman 链码提取船头和船尾的坐标信息，将智能化的概念初步引入小尺度自航船模的轨迹测量中[46]。

在船模操纵模拟方面，西南水运工程科学研究所开发了船模驾驶室监控系统，初步探索了视角相似问题[35]。长沙理工大学开发的智能船模系统，基于一种船模操纵过程重现方法，在船模试验中初步实现船模机器驾驶[47]。

自航船模试验作为一种直观的研究方法，可以实时反映水流对船舶航行的影响，在国内外已得到广泛应用。即使在数学模型大行其道的今天，自航船模试验仍在为数学模型提供基本参数和边界条件。

1.3 内河航运研究[48]

改革开放特别是近10年来，我国内河航运发展取得了巨大进展，据交通运输部统计[49]，2019年年末全国拥有水上运输船舶13.16万艘，净载重量25 684.97万t，载客量88.58万客位，其中内河11.95万艘，占比为90.81%；净载重量13 080.08万t，占比为50.93%；载客量62.72万客位，占比为70.81%，为我国国民经济发展提供了有力支撑。

内河高等级航道建设成效显著，截至2019年底，全国内河航道通航里程12.73万km，等级航道里程6.67万km，占总里程52.4%，三级及以上航道里程1.38万km，占总里程10.9%，三级及以上内河航道达到1.38万km，基本形成以长江干线、西江航运干线、京杭运河、长三角和珠三角高等级航道网为主体，干支衔接、局部成网的格局。

内河港口码头大型化、专业化和机械化水平显著提高，截至2019年底，内河港口生产用码头泊位1.73万个；拥有千吨级及以上泊位接近4 000个。港口工业功能、物流服务功能初步拓展，规模化、集约化水平明显提升。上海国际航运中心基本建成，武汉长江中游航运中心、重庆长江上游航运中心和南京区域性航运物流中心取得显著进展。

内河船舶大型化、标准化、专业化发展趋势明显，进入21世纪以来，在市场需求和激励政策推动下，内河船队规模实现了年均10.2%增长率的快速扩张，2019年底全国内河轮驳船总计共1.31亿净载重t，适应了经济社会发展对内河运输运力的需求。截至2019年底，运输船舶平均吨位达到1 095净载重t，是2000年的10.6倍，形成了干散货船、集装箱船、商品汽车滚装船、液体散货船等专业化运输船队，大型化、标准化、专业化趋势明显。

推动长江经济带发展，是以习近平同志为核心的党中央做出的重大战略部署，长江、珠江等内河航运是促进国内大循环的重要通道。国家已将"碳达峰""碳中和"目标列入了国民经济和社会发展"十四五"规划[50]，还需进一步推动内河航运的节能减排和低碳生态发展；中共中央、国务院印发的《国家综合立体交通网规划纲要》提出了"便捷顺畅、经济高效、绿色集约、智能先进、安全可靠"的发展目标；在国家战略部署下，由依靠传统要素驱动向更加注重创新驱动转变，构建安全、便捷、高效、绿色、经济的现代化综合交通体系，"十四五"将是长江、珠江等内河航运发展的关键机遇。

近年来，随着内河航运经济的蓬勃发展，船舶货运量逐年增加，水利枢纽工程建设也逐步增多。大型水利枢纽是多种类型水工建筑物的综合体，兼顾防洪、发电、蓄水、通航等多种功能，是利国利民、兴利除害的大型工程。目前我国已有上千座水利枢纽，随着经济的发展新建枢纽数量不断增加，老旧枢纽也面临升级改造。其中，通航水流条件直接影响水运事业的发展，对于河道枢纽而言，通航建筑物的布置以及通航建筑物引航道口门区及连接段的水流条件是关键[51]。

引航道口门区是船闸进出口与河道自由航行河段起纽带作用的区域[52]，是过闸船队进出引航道的咽喉之地。其中，上游口门是过流断面变窄，下游口门是过流断面放宽；河道水流处在收缩（对上游）和扩大（对下游）的情况下[53]，使水流弯曲变形，产生流速梯度，形成斜向水流。由于斜向水流的作用，产生回流和分离型小漩涡，横流和回流使航行船舶（队）产生横漂和扭转，严重时会出现失控，以至发生海事，影响通航。为保证船队进出上、下引航道口门区及连接段的航行安全、通畅，其水流条件的影响程度不能超出船队正常操作的有效控制范围。

目前，国内外对引航道口门区水流条件的研究和改善措施的提出多是依托水工模型实验、船模实验和现场水流测验对比分析[54]，研究通航建筑物口门区纵横向流速及回流流速大小与船舶通航安全之间的关系，采取疏浚、导流、引航道布置等措施不断改善口门区水流条件，使口门区的水流条件满足《船闸总体设计规范》要求，保证船舶安全进、出口门区，其中船模实验起着至关重要的作用[55]。

第 2 章

小尺度自航船模设计制作及校准

2.1 设计制作

2.1.1 船模的相似条件及相似准则

船模作为实船在水中运动这样一个力学过程的模拟,应该满足一定的相似条件。这些条件包括几何相似、运动相似及动力相似。实际上,缩尺船模与实船的完全相似是难以实现的。目前进行的船模航行试验只能在一定的程度上满足一部分主要的相似条件,这些相似条件就是船模的相似准则[56]。

船模航行试验由河工模型和通航船模两部分结合组成,因此它的相似条件是以河工模型的水流运动相似和船舶模型运动相似为基础的。

(1) 船模的几何相似

船模与实船应保持几何相似,包括船体、舵和螺旋桨的形状均应相似,其线性比尺为一常数。

船模航行试验是运用船模结合河工模型来研究通航条件问题,在进行船模航行试验前,应根据研究项目的内容与要求进行统一的模型设计,遵循模型相似准则,使河工模型、船模、船模的运动以及水流运动处于同一相似系统,同时要求通航船模的比尺与河工模型比尺一致,即船模与河工模型采用统一的平面比尺 λ_L。

(2) 船模的动力相似

① 相似准则

船模的动力相似应包括所有外力相似。对于水面航行的船模,其动力相似准则为:船模与实船应满足质量惯性力相似,包括质量、质量静矩和惯矩相似;应满足重力相似(即傅汝德相似)。

② 动力量的量纲与比尺

设水平方向的惯性力为 F_L,垂直方向的惯性力为 F_H,则有:

$$[F_L]=[M][a_L]=[\rho][L]^2[H][L][T]^{-2}$$

$$[F_L]=[\rho][L][H][V]^2 \tag{1}$$

$$[F_H]=[M][a_H]=[\rho][L]^2[H][H][T]^{-2}$$

$$[F_H]=[\rho][L][U]^2 \text{ 或}, [F_H]=[\rho][H]^2[V]^2 \tag{2}$$

换成比尺关系，则有：

$$\lambda_{F_L}/\lambda_{F_H}=\lambda_L/\lambda_H \tag{3}$$

式（1）—式（3）中，L 为水平长度；H 为垂直深度；T 为时间；V 和 U 分别为船舶在水平方向和垂直方向运动速度；ρ 为水的密度；M 为船舶质量；a_L 为水平方向加速度；a_H 为垂直方向加速度。

对于几何正态的船模，$\lambda_L=\lambda_H$，则有：

$$\lambda_{F_L}/\lambda_{F_H}=1$$

③ 重力相似准则

满足重力相似的船模与实船的重力 G 和惯性力 F 之比应该相等，即

$$[G_p/F_p]=[G_m/F_m] \tag{4}$$

式中：p 代表实船；m 代表船模。

重力的表达式可写为 $[G]=[\rho][L]^2[H][g]$。式中：g 为重力加速度。

a. 重力与水平方向的惯性力之比

由式（1）和式（4）可得：

$$\frac{[\rho_p][L_p]^2[H_p][g_p]}{[\rho_p][L_p][H_p][V_p]^2}=\frac{[\rho_m][L_m]^2[H_m][g_m]}{[\rho_m][L_m][H_m][V_m]^2}$$

换成比尺关系，则有：

$$\lambda_V=\lambda_L^{1/2} \tag{5}$$

b. 重力与垂直方向的惯性力之比

由式（2）和式（4）可得：

$$\frac{[\rho_p][L_p]^2[H_p][g_p]}{[\rho_p][L_p]^2[U_p]^2}=\frac{[\rho_m][L_m]^2[H_m][g_m]}{[\rho_m][L_m]^2[U_m]^2}$$

换成比尺关系，则有：
$$\lambda_U = \lambda_H^{1/2} \tag{6}$$

由式（5）和式（6）可得：
$$\frac{\lambda_V}{\lambda_U} = \left(\frac{\lambda_L}{\lambda_H}\right)^{1/2} \tag{7}$$

对于几何正态的船模，$\lambda_L = \lambda_H$，则有：$\dfrac{\lambda_V}{\lambda_U} = 1$

（3）船模的运动相似

① 相似准则

船模的运动相似应包括各个运动方向的运动参数相似，在实际试验中，船模的运动相似准则为：舵角与实船相似；直航条件下的航速与实船相似。

② 运动量的量纲与比尺

设水平方向船舶运动速度为 V，垂直方向船舶运动速度为 U，则有：
$$[V] = [L][T]^{-1}$$
$$\lambda_V = \frac{\lambda_L}{\lambda_t} \tag{8}$$
$$[U] = [H][T]^{-1}$$
$$\lambda_U = \frac{\lambda_H}{\lambda_t} \tag{9}$$

那么，
$$\frac{\lambda_V}{\lambda_U} = \frac{\lambda_L}{\lambda_H} = 1 \tag{10}$$

式（8）—式（10）中，λ_V 和 λ_U 分别为船舶在水平方向和垂直方向运动速度比尺；λ_t 为时间比尺。

（4）船模的操纵性相似

在船舶航行过程中，为了尽快到达目的地和减少燃料消耗，驾驶者总是力求使船舶以一定的航速沿直线航行；而当在预定的航线上发现障碍物或其他船舶时，为了避免碰撞，驾驶者又要使船舶改变航速或航向。

船舶受驾驶者的操纵而保持和改变其运动状态的性能，称为船舶的操纵性。

船舶操纵运动方程常用以下的一阶线性微分方程来表述：

$$T\mathrm{d}\theta/\mathrm{d}t + \theta = K(\delta + \delta_\gamma) \tag{11}$$

式中：θ 为航向角；δ 为舵角；δ_γ 为舵角修正项；T 为应舵性指数；K 为回转性指数；T 和 K 合称为操纵性指数。为便于比较，通常采用无因次值 $T'=T(V/L)$，$K'=K(L/V)$ 来表示。

船模的操纵性相似主要是指船模与实船的操纵性指数相等。

(5) 船模的尺度效应及其修正

在船模的相似条件中，水动力相似是最为复杂的。要满足水动力相似，船模与实船运动应具有相同的傅汝德数（Fr）、雷诺数（Re）、欧拉数（Eu）、韦伯数（We）、马赫数（M），即重力、黏性力、压力、表面张力及弹性力与惯性力比值的相似。这些相似条件在模拟试验中一般很难同时满足。以雷诺数相似条件为例，满足雷诺相似的船模与实船的重力和黏性力之比应该相等，即：

$$[G_p/F_{np}] = [G_m/F_{nm}] \tag{12}$$

式中：F_n 为黏性力，其表达式可写为 $F_n = [\mu][V][L]$。

由式（12）可得：

$$\frac{[\rho_p][L_p]^2[H_p][g_p]}{[\mu_p][V_p][L_p]} = \frac{[\rho_m][L_m]^2[H_m][g_m]}{[\mu_m][V_m][L_m]}$$

换成比尺关系，则有：

$$\lambda_V = \lambda_L \lambda_H \tag{13}$$

对于几何正态船模，$\lambda_L = \lambda_H$。则：

$$\lambda_V = \lambda_L^2 \tag{14}$$

显然，对于同一船模，式（5）和式（14）是不可能同时满足的。就是说，试验中不能同时满足傅汝德数（Fr）和雷诺数（Re）的相似。在水面自航的船模试验中，主要是以满足傅汝德数（Fr）相似来进行的，即只保证了重力相似而不保证黏性力相似，由此造成船模与实船性能的差异。除此之外，其他诸如欧拉数（Eu）、韦伯数（We）等也会对船模的水动力性能产生影响。这些由于缩尺影响造成的船模与实船性能的差异，通常称为船模的尺度效应。

对于船模的尺度效应，我国学者进行过专题研究。例如，从事船舶性能和船舶航行研究的学者曾对这种远远小于常规试验船模尺度的模型如何进行尺度效应修正以及它能否可靠地反映实船操纵性，进行过详尽周密的研究[56-58]。研究结果认为，利用船舶操纵运动一阶微分方程模拟静水船舶操纵运动是可行的；利用减小船模舵面积办法来补偿尺度效应是一种简便有效的办法。这为船模的率定技术和船模航行试验技术的发展奠定了基础。

2.1.2 船模的比尺

在进行船模设计时，其比尺既不能太大，也不能太小。比尺大，试验场地、供水系统等可能无法满足；比尺小，船模缩尺后，其尺度、排水量就很小，船模的控制、动力等设备将无法安装。目前国内中小型船舶模型的几何比尺多在 50～150 之间[4]。

2.1.3 船模的制作

船体采用玻璃钢制作，先按实船的线型图做出船体的外形阳模，再用阳模翻制出船体阴模，然后在阴模中浇制玻璃钢船体。经过整形、上隔舱、封甲板、打磨、刷漆等工艺，制作出满足外形尺度、强度等要求的玻璃钢船体。根据《水运工程模拟试验技术规范》（JTS/T 231—2021）（以下简称《规范》）的要求，在船模制作过程中主要严格控制船体水线以下部分尺寸的精确性，对上层结构则进行了简化，以便减轻重量。试验船模如图 2-1 所示。

2.1.4 船模测控

船模经缩尺后，其容量、载重都有限，除安装必要的遥控、动力和变速等设备和驱动电源外，不可能再安装其他的测量设备，需要应用更为实用和先进的测量技术。

本试验采用尚水公司研制的 SMMS 实时测量系统，该系统由多个 CCD 摄像机、视频传输线、视频分配器、视频采集卡、舵角测量仪及配备了船模实时测量系统的计算机组成，可实时测量船模航行时的船位、操舵过程，同时进行数据处

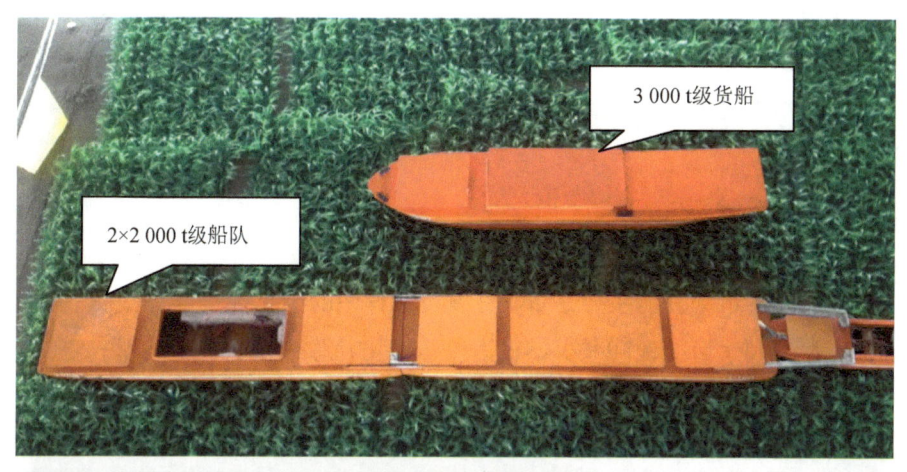

图 2-1　试验用部分船模图片

理，获取所需的船模航行参数。

2.2　船模静水和运动性能校准

在进行船模航行试验前，需要对船模的静水性能和运动性能进行校准，使其满足试验要求。

2.2.1　船模的静水性能校准

内河船舶的静水性能主要是指船舶在静水中的吃水、排水量、浮态以及重心位置等。

船体制作完工后，进行了精心配载，在船模的前、中、后位置标刻上相应的吃水深度，按排水量称重配载，在专用水槽中调整配载位置，满足船模的前、中、后的吃水深度，从而使船模与实船在静水中的排水量、吃水及平面重心位置达到相似要求。

2.2.2 船模的运动性能校准

内河船舶的运动性能主要是指其在航行过程中的操纵性能。在船舶航行过程中，为了尽快到达目的地和减少燃料消耗，驾驶者总是力求使船舶以一定的航速沿直线航行；而当在预定的航线上发现障碍物或其他船舶时，为了避免碰撞，驾驶者又要使船舶改变航速或航向。船舶受驾驶者的操纵而保持和改变其运动状态的性能，称船舶的操纵性。在进行船模航行试验前，需要对其运动性能进行校准，以满足相似性和试验要求。

2.2.3 船模的运动和操纵性能

船舶操纵性能是指船舶受驾驶者的操纵而保持或改变其运动状态的性能，反映了船舶航行过程中的航向稳定性以及避免碰撞时的机动性。因此，在进行通航条件试验时，船模与实船的操纵性是否相似就显得非常重要。

根据国内船模试验资料，尽管船模已经做到了外形的几何相似、排水量相似及直线静水航速相似，但船模均会因缩尺而产生操作性尺度效应，造成船模与实船的操纵性能不相似，需要进行修正。由于没有试验船型的实船操作性试验资料，因此按类似船型和比尺船模的试验结果，通常采用减小舵面积的方法来修正其尺度效应的影响。

2.3 试验控制条件及航行判别标准

2.3.1 通航水流条件判别标准

根据《内河通航标准》（GB 50139—2014）关于船闸通航水流条件的规定，

船闸口门区水流表面最大纵向流速不超过 2.00 m/s，最大横向流速不超过 0.30 m/s，最大回流流速不超过 0.40 m/s。

对于口门区外连接段及天然航道通航水流条件，目前《船闸总体设计规范》(JTJ305—2001)没有明确规定。但山区航道浅、险滩整治应使航道内的最大纵向表面流速和局部比降能满足标准船队自航上滩的要求，水流条件应该满足船舶安全航行要求。

2.3.2 船舶航行条件判别标准

船舶在航行过程中，其航行状态的好坏取决于水流条件与船舶本身的动力特性及其操纵性能的优劣。在一定的水流条件下，船舶的航行状态一般由船舶的航行轨迹带宽、舵角、航向角、漂角、对岸航速等航行参数来反映。但如何通过船舶航行参数来判别航行状态的优劣，目前还没有相应的标准。针对船闸引航道口门区及桥区这种限制性航道，目前国内多参照"七五"期间三峡船闸引航道口门区的通航条件研究成果对口门区及桥区船舶航行状态进行判断，即舵角应小于20°，漂角应小于10°，并且不能长时间用大舵角。船舶与桥墩间距也是船舶通过桥区航道安全性的主要标准，一般不小于0.5倍船宽。对于一般的航道，目前还没有在舵角、漂角等航行参数上进行限定，只是要求船舶能够以一定的对岸航速航行即可，如长江港船监督部门规定船队对岸航速不得小于 4 km/h，即 1.11 m/s；山区河流航道整治中要求船舶上滩时对岸航速不得小于 0.3~0.5 m/s。

第 3 章

平原、山区河流航道整治应用

3.1 大藤峡枢纽下游水位未衔接段航道船模航行试验研究

3.1.1 项目概况

大藤峡水利枢纽位于广西桂平上游12 km黔江河段，是西南水运出海中线通道、北线通道在石龙汇合后通往西江航运干线到达粤、港、澳地区的必经之路，也是联系广西老工业城市柳州市和新兴工业城市来宾市的水路主通道。

大藤峡水利枢纽下游约172 km为西江干线长洲枢纽。根据规划，长洲枢纽正常运行后，大藤峡枢纽至桂平三江口航道等级将达到Ⅱ级，桂平三江口至长洲枢纽航道等级将达到Ⅰ级。由于长洲枢纽正常蓄水位只能到达桂平三江口，桂平三江口与大藤峡枢纽下游还存在约12 km的脱水段，分布有飞凤角、鹅蛋滩、铜鼓滩、羊栏滩等碍航滩险。目前大藤峡枢纽至桂平三江口区段的航道等级为Ⅴ级，必须通过航道整治才能提高航道等级，达到规划建设的Ⅱ级航道标准。

3.1.2 试验船型和船模尺度

目前研究河段为最大通航300 t级船舶的Ⅴ级航道，且过往船舶较少，待大藤峡枢纽建成后最大可通航3 000 t级船舶，而我国的船型标准化进程还比较缓慢，处在起步阶段，待大藤峡枢纽建成后便实行船型标准化的可能性不大。到时候过闸船型可能比较混杂，而模型中也难以开展所有船型的试验。因此，国内在进行船闸通航水流条件研究时，多选择其中的代表船型进行试验。代表船型选择原则是与《内河通航标准》（GB 50139—2004）（以下简称《标准》）中列举的船型相同或相近，具有船模试验所需资料（如线型图、整体布置图、螺旋桨结构图和舵叶图等）。这种船型的尺度与船闸尺度以及船闸所处河段的航道尺度是对应的，并且一般来说，也是对应等级船闸中最大的船型。

大藤峡水利枢纽下游河段航道远景将达到Ⅰ级航道标准，枢纽船闸按3 000 t

级规模设计,但现阶段枢纽下游航道建设目标为Ⅱ级航道。本次试验主要研究大藤峡坝下 12 km 脱水段Ⅱ级航道和Ⅰ级航道工程方案的航行条件。根据试验要求,选择了 1+2×2 000 t 级顶推船队(Ⅱ级航道设计船型)和 3 000 t 级货船(Ⅰ级航道设计船型)作为代表船型。按船模与实船各参数之间的比尺关系,可计算出船模的主要尺度参数,见表 3-1。

表 3-1 实船与船模船型及主要尺度表

载重吨/船型		船别	代表船型及尺度			设计排水量 (m³)	船队队形
			长度 (m)	宽度 (m)	设计吃水 (m)		
1+2×2 000 t 级顶推船队	实船	推轮	32	8.8	2.45	413.5	二排一列 (T2×1)
		驳船	75	16.2	2.6	2 650	
		船队	182	16.2	2.6	5 713.5	
	船模	推轮	0.32	0.088	2.45×10^{-2}	4.135×10^{-4}	
		驳船	0.75	0.162	2.6×10^{-2}	2.65×10^{-3}	
		船队	1.82	0.162	2.6×10^{-2}	5.71×10^{-3}	
3 000 t 级货船	实船	货船	90.0	16.2	3.6	4 333	单船
	船模	货船	0.90	0.162	3.6×10^{-2}	4.333×10^{-3}	

由于没有试验船舶的实际航速资料,我们参照目前国内研究枢纽上下游口门区及连接段航行水流条件的试验方法,确定本次试验船模的航速。设计船型的试验航速分别为 2.50 m/s、3.00 m/s、3.50 m/s 和 4.00 m/s(静水航速,已换算至原型,下同)四档前进航速。

船模的航速率定按照《规范》要求,在无风静水中进行,在保证船模直航稳定(航行过程中压舵小于 3°)的前提下,调整螺旋桨的转速,使船模的航速达到设定值。

3.1.3 试验控制条件

本试验研究范围为大藤峡枢纽下游水位未衔接段航道,兼顾口门区及连接段航道。上至大藤峡水利枢纽,下至羊栏滩滩尾,研究河段总长约 12 km。从上至下沿程分布有飞凤角、鹅蛋滩、铜鼓滩、羊栏滩。黔江大桥位于郁江口上游 3.5 km 处,坐落于铜鼓滩滩头,研究河段河道图见图 3-1。

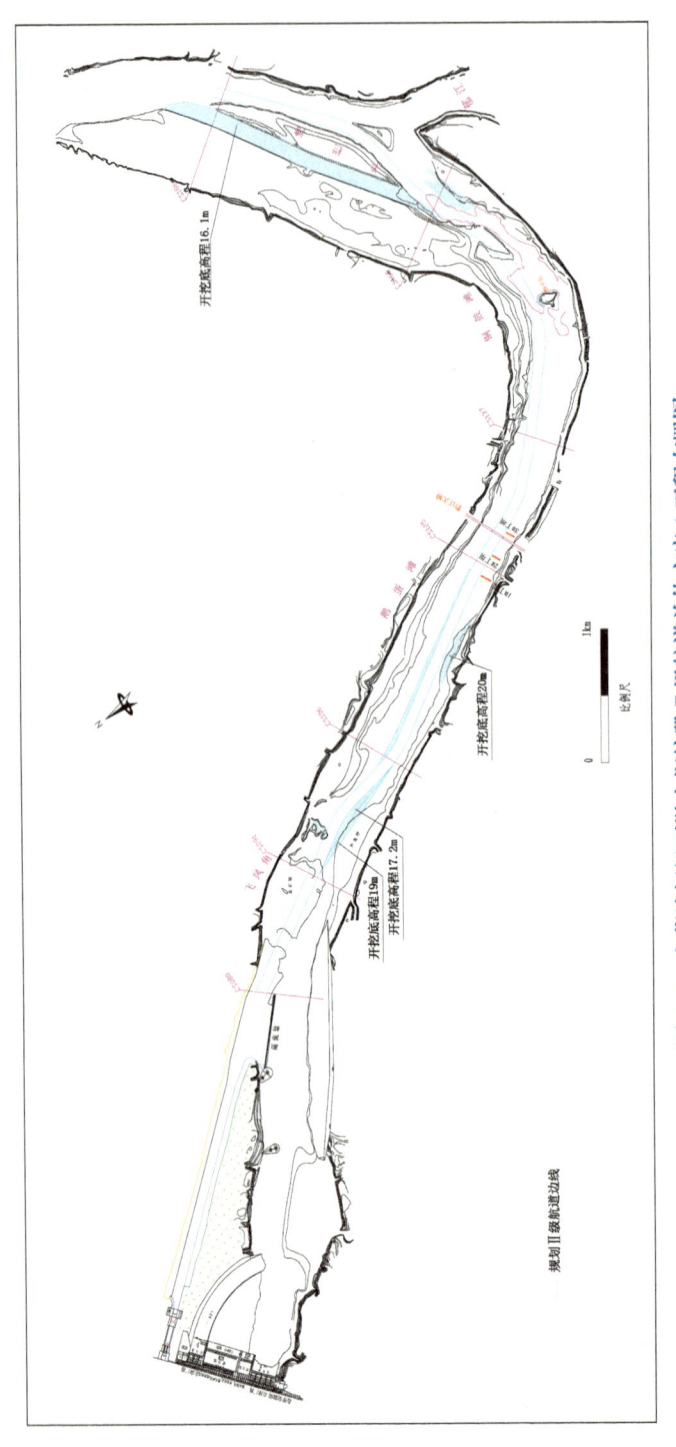

图 3-1 大藤峡枢纽下游末衔接段Ⅱ级航道总体方案 1 工程布置图

以模拟的代表船型通过研究航段，验证航道内的水流条件是否满足代表船型的安全航行要求。在物理模型整治工程方案下进行船模航行条件试验研究，观测船模的漂角、舵角、对岸航速、航迹线等系列指标，综合判别研究航段的通航水流条件的优劣程度，并采取措施进一步优化通航水流条件，确保试验船型在研究航段安全航行。

根据物理模型水流条件试验结果以及船模航行内容要求，选取六组流量级进行船模航行试验，见表3-2。

表3-2 试验流量级

流量级	黔江（m³/s）	浔江（m³/s）	汇流比（%）	郁江（m³/s）	汇流比（%）	流量特征
1	700	920	76.1	220	23.9	设计流量
2	2 080	3 000	69.3	920	30.7	中水流量
3	4 280	4 740	90.3	460	9.7	中水流量
4	8 600	10 000	86.0	1 400	14.0	洪水流量
5	20 000	22 800	87.7	2 800	12.3	黔江2年一遇流量
6	27 000	31 054	86.9	4 054	13.1	羊栏滩最大通航流量

3.1.4 坝下Ⅱ级航道工程方案船模航行试验

大藤峡下游未衔接段规划为Ⅱ级航道设计方案，航道尺度为3.8 m×80 m×550 m。设计方案工程措施主要是疏炸航槽，对规划航线内沿程水深不足区域进行开挖。挖槽断面沿设计航线采用梯形开挖，开挖位置在规划航槽内，开挖宽度为80 m，边坡为1∶2。

3.1.4.1 总体方案1船模航行试验

（1）工程及航线布置

物理模型试验在设计方案基础上，结合各滩段特性进行多组次修改方案试验后提出总体方案1，方案及航线布置如图3-1所示，Ⅱ级航道尺度下选取1+2×2 000 t级船队进行船模航行试验。

本河段航道内碍航滩险较多，主要以急滩为主。其中飞凤角滩航道受两岸边滩制约，该段航道狭窄弯曲，呈"S"形分布，两弯道间直接距离约为500 m。

鹅蛋滩段航道顺直，黔江大桥位于该段航道末端。铜鼓滩航道为弯曲航道，该段设计航线由两个急弯组成。羊栏滩段为两江交汇口，设计航线于羊栏滩大沙洲头处过渡至右汊主河道，为微弯航道。

(2) 水流条件试验成果

本试验研究河段较长，沿程碍航滩险较多。根据水流条件试验结果，得出沿程各滩段航道内水流条件情况。

① 口门区及连接段航道（CS80~CS91，断面分布与物理模型试验相同）

设计流量 700 m³/s 时，口门区及连接段航道为北石洲边滩上新开航槽，口门下游 0~400 m 范围内流速基本在 1.0 m/s 以下，而连接段航道内水流归槽效应极为明显，出现跌坎水流，横比降较大，局部最大达到 5.3‰，且该段主流方向与航道中心线夹角（以下简称流偏角）最大达 40°。

流量增加至 2 080 m³/s 时，口门区段通航水流条件由于水流漫滩，比降趋缓，流偏角也有所减小。口门区连接段航道内流速均在 1.6 m/s 以内，横向流速也基本在 0.3 m/s 以内，通航水流条件满足标准要求。

随着流量进一步增加，水流动力条件增强，口门区流速呈增长趋势，同时上游来流顶冲点也逐步下移。当流量达 4 280 m³/s 时，在口门下游 150 m 范围内航道左侧形成回流，回流流速约 0.20~0.42 m/s，CS83~CS85 段连接段航道内横向流速较大，最大达 0.58 m/s。

当流量继续增大时，横流增大，该段水流条件进一步恶化，流量达到 27 000 m³/s 时，连接段航道内最大流速达 3.28 m/s，流偏角为 24°，最大横向流速达 1.33 m/s。

② 飞凤角滩段（CS91~CS106）

飞凤角段航道设计航线为"S"形，水流条件较复杂。

设计流量 700 m³/s 时，飞凤角滩段流速均在 2.2 m/s 以下，平均比降为 0.9‰，航道内通航水流条件较好。

2 080 m³/s 流量时，飞凤角沙角坪边滩中部以下 CS100~CS104 断面航道由于主流逐渐自河道左岸侧过渡至右岸侧，此处流偏角约 11°，因此该段航道存在一定程度的斜流，横向流速约 0.4 m/s。

流量增加至 4 280 m³/s 时，该区域航道内流速基本在 3.2 m/s 左右，同时水流逐渐取直，导致该区域流偏角呈现增长的趋势，由此横向流速也逐渐增长，该流量时横向流速最大达 0.58 m/s，通航水流条件较差。随着流量继续增大，该段横向流速也会进一步增大，航行条件进一步恶化。

水流条件试验表明：该段航道内，当流量大于 4 280 m³/s 时，航道内横向流速较大，不利于船舶安全航行。

③ 鹅蛋滩段（CS106～CS125）

设计流量 700 m³/s 时滩段流速均在 1.9 m/s 以下，流量为 2 080 m³/s 时，滩段流速也在 2.7 m/s 以下，比降均小于 0.15‰。航道内通航水流条件较好。

当流量大于 4 280 m³/s 时，因上下游河势影响及航道疏浚整治工程的实施，主流位于主航道内，航道内流速均在 3.5 m/s 以上，局部达 3.8 m/s。流量为 20 000 m³/s 时最大流速达 3.97 m/s。而航槽左侧边滩上为缓流区，滩槽流速相差较大。

水流条件试验表明：当流量 $Q \leqslant 2\,080$ m³/s 时，航道内水流条件较好，当流量 $Q \geqslant 4\,280$ m³/s 时，航道内纵向流速较大，均在 3.5 m/s 以上。船舶自航上滩时，即使用最大率定航速 4.0 m/s 静水航速上滩，其对岸航速仍不能满足船舶自航上滩安全航行要求。

④ 黔江大桥段（CS125～CS137）

当流量小于 4 280 m³/s 时，该段航道与水流方向相同，最大流速为 3.1 m/s，最大比降为 0.13‰，航道内通航水流条件能够满足船模航行要求。随着流量不断增大，该段流速亦随之增大。流量达到 20 000 m³/s 时，流速最大达 3.7 m/s。流量为 27 000 m³/s 时，此段航道内最大流速达 4.09 m/s，纵向流速较大，超过船模最大率定静水航速。

黔江大桥下游 CS132 处时，设计航线向左转向，造成此时流偏角较大。当流量为 2 080 m³/s 时，最大流偏角为 18°，航道内最大横向流速为 0.67 m/s。随着流量增加，流偏角变化不大，而纵向流速有所增大，使得航道内横向流速进一步加大。流量为 8 600 m³/s 时，该处最大横向流速达 0.86 m/s。

综上所述，黔江大桥下游 300 m 处，由于航线向左调整，导致流偏角较大，当流量大于 2 080 m³/s 时，航道内横向流速较大。当流量大于 20 000 m³/s 时，通航孔处纵向流速较大，最大为 3.7 m/s，流量为 27 000 m³/s 时，最大流速达 4.09 m/s，大于船模最大率定静水航速。

⑤ 铜鼓滩航段（CS137～CS165）

当流量小于 2 080 m³/s 时，该段航道因处于深槽区，水深较大，水流平缓，航道内流速基本小于 1.5 m/s，比降最大为 0.59‰，通航水流条件较好。

随着流量增加，因受两侧边滩制约，该区域河宽增加幅度有限，河面迅速收窄，4 280 m³/s 流量时流速增加至 2.5 m/s 左右。且 CS160 断面处左侧航道外边滩外露阻水作用明显，使得该处形成自滩上斜冲航槽的斜流，最大流偏角达 17°，横向流速接近 0.9 m/s，影响范围约 150 m。

流量 20 000 m³/s 时水流逐渐漫滩，航道左侧斜流碍航逐渐减弱并消失；但由于该区域处于铜鼓滩尾进入下游羊栏滩右汊的连续弯道段，航道内水流与航线呈现一定的夹角，在 5°左右，横向流速在 0.28 m/s 左右。

水流条件试验表明：流量小于 2 080 m³/s 时，该段航道内通航水流条件较好。流量大于 4 280 m³/s 时，该段航道下段存在斜流顶冲航槽，强度较大，不利于船模航行安全。流量达到 20 000 m³/s 后随着水流漫滩，此现象逐渐减弱并消失。

⑥ 羊栏滩段（CS165～CS186）

羊栏滩右汊河道进口 CS168～CS171 处为弯道段，中枯水期 2 080 m³/s 流量以下时，流偏角最大值约 11°，导致航道内存在一定程度的横向流速，约 0.2 m/s，比降均不大于 0.55‰，水流条件较好，能够满足船模安全航行要求。当流量增加至 4 280 m³/s 时，相应横向流速约 0.45 m/s，流量进一步增加时，该段航道水流条件变化不大。

水流条件试验表明：中枯水流量时，羊栏滩段航道内水流航行条件较好。但流量大于 4 280 m³/s 时，横向流速约 0.45 m/s，且该段航道距大沙洲头距离较近，船舶航行过程中存在安全隐患，不利于船舶安全航行。

(3) 船模航行试验

总体方案 1 船模航行如下：

当流量为 700 m³/s 时，船模以 3.5 m/s 航速下行至飞凤角段航道处，船模通过"S"形弯道时，需先操右舵转向通过第一处弯道，通过弯道后船模需要立即调整航态通过第二处弯道。由于两处弯道间调整航态直线距离较短，船模操控较困难。船模下行至铜鼓滩段弯道 CS152 断面处时，船模航迹带较宽，船尾容易偏出航道边线。而航槽外水深不能达到船模满载时吃水要求，船模偏离航槽容易发生搁浅。船模以 3.5 m/s 航速上行能够安全通过研究航道。但进入连接段航道时，由于该段比降较大，达 5.3‰，船模即使加至 4.0 m/s 航速也无法上行通过口门区航道。

当流量为 2 080 m³/s 时，船模以 3.5 m/s 航速下行能够顺利通过连接段航道。行至飞凤角段航道处，船模通过"S"形弯道时船尾易漂过航道边线。船模在黔江大桥段下游 CS132 断面处需向左转向，此时船模受斜流影响向右漂移偏离航线，最大偏航距离达 23.0 m。船模以 4.0 m/s 航速上行进入飞凤角段航道中段 CS99 断面处时，需要向左调整航线。此时，船身受到上游来流影响向右漂移而远离设计航线，上行较困难，此时需沿沙角坪浅滩左边缘取直上行，通过飞凤角段航道后需操左舵顶流上行，否则易失控撞上北石洲边滩。

当流量为 4 280 m³/s 时，船模以 3.5 m/s 航速下行至连接段航道 CS84 断面处时，需持续操 11.6°舵角抵御斜流影响。船模下行至飞凤角段航道 CS99 断面处时需向右转向，由于此处流偏角较大，导致船模转向过程中船体失控向左漂移偏离航线。因此船模行至该处时需沿右岸侧沙角坪边滩缓流区航行方能安全通过该段航道。船模行至黔江大桥段航道 CS132 断面处时，该处斜流较 2 080 m³/s 流量时更大，船模航行条件更为不利。船模下行至铜鼓滩段航道 CS152~CS165 处时，受该段斜流影响，船模易偏离航线，最大偏航距离为 32 m。且经过该段时需要长时间压左满舵（35°）以抵御斜流、保持船姿。船模行至羊栏滩段航道大沙洲头 CS169 断面处时，需向右转向进入右汊河道，此时，船模受斜流影响向左漂移，船尾左舷易偏离航道边线，最大偏航距离为 6 m。加之大沙洲头距航道边线较近，仅 14 m，使船模距大沙洲头安全距离仅 8 m，船模航行过程中存在安全隐患。而该段航道右岸侧缓流区内水深也能达到船模安全航行要求，因此，船模沿右岸侧缓流区航行进入羊栏滩右汊航道更安全。船模以 4.0 m/s 航速上行至铜鼓滩段航道 CS160 处时，受该处斜流影响，船模无法沿设计航线行驶，需经右岸侧缓流区绕行方能通过该段航道。船模行至鹅蛋滩段航道时，由于主航槽内流速较大，船模沿主航道上行时较困难，最大对岸航速仅为 0.2 m/s，船模上滩能力

27

不能满足安全航行要求。而该段航道左岸侧 40 m 范围内流速较小，水深也能满足船模安全航行要求。因此，此处船模需从左岸侧缓流区上行。

当流量为 8 600 m³/s 时，船模以 3.5 m/s 航速下行至连接段航道时，出口门即需压 20.5°右舵以抵御斜流影响，船模向左漂移，最大漂角达 12.3°，驶出连接段航道后，船模航行条件与 4 280 m³/s 流量时相差不大。

当流量为 20 000 m³/s 时，船模以 3.5 m/s 航速下行至连接段航道时，出口门即需压 25.3°右舵以抵御斜流影响，船模向左漂移，最大漂角达 13.5°。船模以 4.0 m/s 航速上行时，船模航行速度较慢，经过黔江大桥通航孔时最大对岸航速为 0.6 m/s，行至鹅蛋滩段航道时最大对岸航速为 0.84 m/s。船模航行过程中需频繁调整舵角以顶流航行。

当流量为 27 000 m³/s 时，船模上行至黔江大桥处时，通航孔间存在较大流速超过 4.0 m/s 区域，船模最大率定静水航速为 4.0 m/s。因此，船模无法通过黔江大桥通航孔。

（4）船模航行试验小结

经过船模航行试验，得出总体方案 1 船模航行试验结论如下。

① 飞凤角段航道处，主流贴近航道左岸侧，"S"形弯道段流态较复杂，且连续弯道间可调整航态空间较小。船模航行转向过程中操控困难，上、下行船模均需避免于此处调整航向。当流量 $Q \geqslant 2\,080$ m³/s 时，船模沿右岸侧沙角坪边滩缓流区航行能够经过飞凤角段航道。

② 鹅蛋滩段航道处，当流量 $Q \geqslant 4\,280$ m³/s 时，主流集中于航槽内，流速较大。船模航行试验表明，船模沿设计航线上行时，对岸航速不能满足船舶自航上滩安全航行要求。而航槽左岸侧水深能够满足船模吃水要求，船模航行试验结果表明，该段航槽左岸侧 40 m 内航行条件能够满足船模安全航行要求。因此建议船模上行经该段航道时沿左岸侧缓流区通行。

③ 黔江大桥段航道处，当流量 $Q \geqslant 2\,080$ m³/s 时，黔江大桥下游 300 m（CS132 断面）处，航线向左调整，使该处流偏角较大，最大达 18°，最大横向流速达 0.87 m/s。船模航行试验表明：船模航行过程中船尾受斜流影响，偏离设计航线。当流量达到 20 000 m³/s 时，黔江大桥通航孔内流速较大，船模自航上行

时最大对岸航速为 0.6 m/s，船模能够安全经过黔江大桥通航孔。但当流量达到 27 000 m³/s 时，黔江大桥通航孔间最大流速大于船模最大率定静水航速，船模上行时无法经过通航孔，建议流量大于 20 000 m³/s 时，研究河段限制通航。

④ 铜鼓滩段航道弯道处，船模下行经过铜鼓滩弯道时，航迹带较宽，船尾容易偏出航道边线。由于航道为开挖航槽，设计流量时航槽外水深不能满足船模安全航行要求，船模偏出航道容易搁浅。航行过程中存在较大安全隐患，建议对弯道处航道加宽。

⑤ 铜鼓滩段航道中下段左侧航道外边滩外露阻水作用明显，形成自滩上斜冲航槽的斜流，4 280 m³/s、8 600 m³/s 两级流量时此处航道内横向流速接近 0.7 m/s，船模航行过程中易偏离设计航线，由于该段航槽为边滩上重新设计开挖，导致该处航槽右侧形成一长约 470 m 的洲滩，因此船模航行过程中易偏离航线存在安全隐患。

⑥ 羊栏滩段航道处，当流量 $Q \geqslant 4\ 280$ m³/s 时，大沙洲头 CS169 处斜流流速达 0.45 m/s，船模下行至此处时，需向右转向，此时船模向左漂移。而大沙洲头距设计左航道边线较近。船模航行过程中，船尾距大沙洲头最近距离仅 8 m，存在较大安全隐患。建议船模行至该处时沿右岸侧缓流区航行进入羊栏滩右汊航道更加安全。

⑦ 连接段航道处，口门区及连接段航道为新开挖航槽，受此影响，设计流量 700 m³/s 时出现跌坎水流，横比降较大，达 5.3‰，致使船模行至该处时无法上行进入口门区；当流量 $Q \geqslant 8\ 600$ m³/s 时，口门区引航道内斜流较大，通航水流条件较差。船模经该处时漂角较大，船模航行条件不能满足安全航行要求。

3.1.4.2　总体方案 2 船模航行试验

（1）工程及航线布置

针对总体方案 1 所显现出的各航段的碍航特点，对总体方案 1 做出修改而得到总体方案 2，具体修改措施如下。

① 由于口门区及连接段航槽比降较大，船舶上行困难，因此对该段航槽向右拓宽 20 m，即口门区及连接段航槽宽度调整至 100 m，相应下段飞凤角沙角坪边滩切滩措施也随之稍加变动。船模经过该段航道时，可由沙角坪边滩左缘行驶，避免进入"S"形弯道段调整航向。

② 鉴于船舶行驶安全考虑及桥孔通航的利用，取消鹅蛋滩三座丁坝布置。

③ 鹅蛋滩段航道，当流量 $Q \geqslant 4\,280 \text{ m}^3/\text{s}$ 时，主航槽内流量较大，船舶自航上滩能力不能达到安全航行要求。船舶上行过程中，需沿左岸侧 40 m 内缓流区行驶才能安全通过该段航道。

④ 黔江大桥下游 300 m 处，设计航线向左调整，致使该处流偏角较大。船模下行过程中容易向右漂移，偏离航线，且铜鼓滩处又为一急弯，需对弯道处航道进行拓宽，根据总体方案 1 水流条件试验及船模航行试验结果，对该段航线进行调整，其中弯道段航道需进行拓宽，航线布置如图 3-2 所示，弯道顶端处航宽最大为 110 m。

⑤ 铜鼓滩段担干石上游 CS142～CS148 断面，船舶上下行时由于地处弯道，中枯水期船身侧面受水流冲击，船体易发生漂移，偏出航道，根据该段船模航行试验结果，对航槽外右侧 30 m 范围内予以开挖疏浚，拓宽弯道段航道宽度。

⑥ 铜鼓滩尾段 CS154～CS160 断面，由于该段航槽在边滩上重新设计开挖，也导致该处航槽右侧形成一长约 470 m 的洲滩，而该处地处上下游连续弯道段，由此导致船舶行驶可操控调整的空间极为有限，也极易造成船尾扫滩，因此在总体方案 2 中对洲滩予以切除。中洪水流量下，船模沿此处下行更加安全。

总体方案 2 总体工程及航线布置见图 3-2。

（2）水流条件试验成果

水流条件试验结果表明，通过实施总体方案 2，以下几段航道内通航水流条件得到较大改善。

① 口门区及连接段航道

此方案对该段航道拓宽 20 m，对设计流量 700 m³/s 航行水流条件整治效果明显，连接段航道内流速减小约 0.2 m/s，通航水流条件能够满足规范要求。但流量大于 8 600 m³/s 时，水流条件较总体方案 1 改变不大，航道内流速最大达 3.03 m/s，流偏角最大仍可达 19°，最大横向流速达到 0.98 m/s。

② 飞凤角段航道

总体方案 2 将沙角坪左缘开挖，使航道平顺与鹅蛋滩段航道相接。船模航行过程中能够直接从开挖处上、下行，从而避免"S"形连续弯道。航槽内通航水流条件较好，航道中心线与主流方向基本一致，最大流速值为 3.22 m/s。

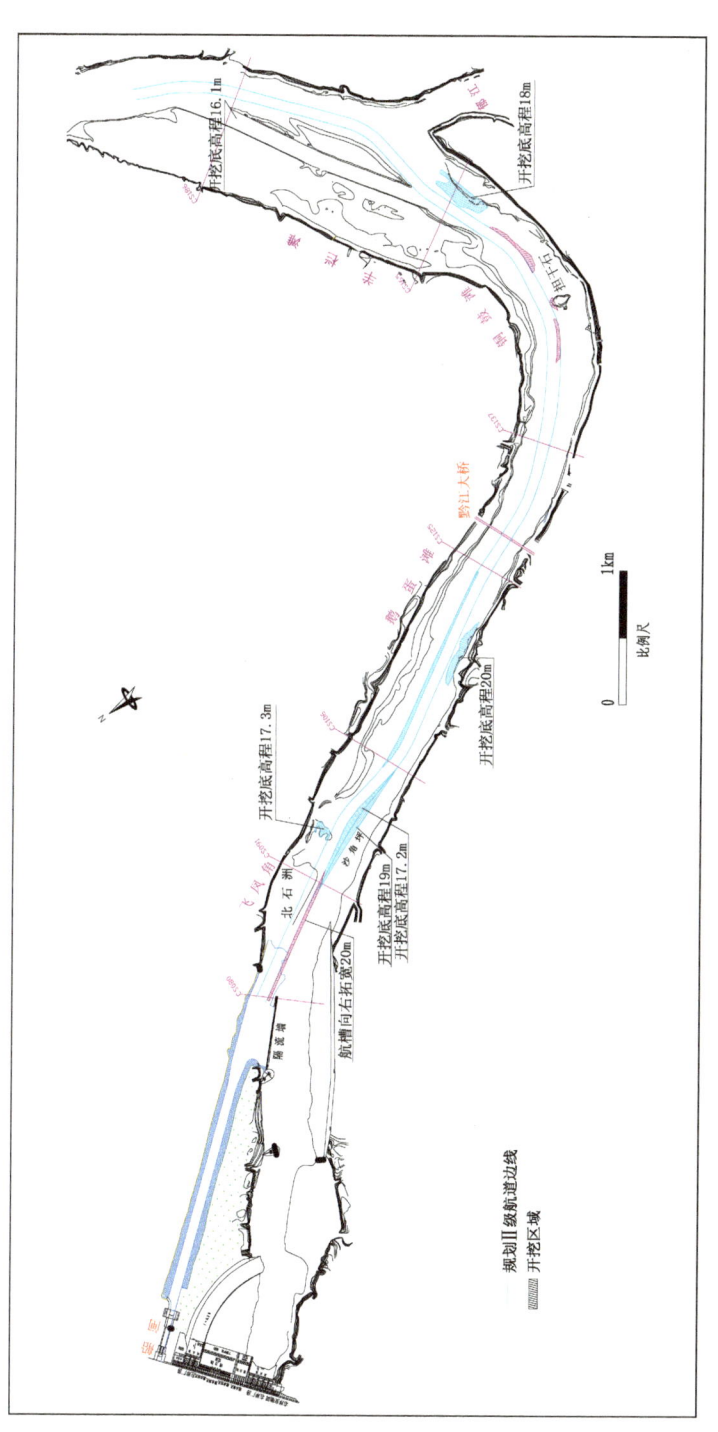

图3-2 大藤峡枢纽下游未衔接段Ⅱ级航道总体方案2 工程布置图

③ 黔江大桥段航道

总体方案 1 时，黔江大桥下游 300 m 处航线向左转向，使得此处流偏角较大，造成船模向右漂移，总体方案 2 对此处航线进行调整。调整航线后，流偏角较总体方案 1 减小约 13°，最大流偏角为 5°。该段航道水流条件得到较大改善。

④ 羊栏滩段航道

总体方案 1 时，当流量大于 4 280 m^3/s 时，船模航行至羊栏滩大沙洲头处时，船尾距洲头较近，存在安全隐患。总体方案 2 时，中洪水流量时，该段航道切除右岸侧洲滩后，该处通航水流条件较好。因此，流量大于 4 280 m^3/s 时，船模下行时经右岸侧缓流区航行。

(3) 船模航行试验

总体方案 2 船模航行如下：

当流量为 700 m^3/s、2 080 m^3/s 时，船模能够安全通过研究河段，航行条件能够满足船模安全航行要求。

当流量为 4 280 m^3/s 时，船模以 3.5 m/s 航速下行至铜鼓滩段航道驶出弯道后，需要长时间操左舵以抵御斜流影响。船模行至铜鼓滩尾 CS162 断面处时，由右岸侧缓流区下行能够顺利进入羊栏滩段右汊航道；船模以 4.0 m/s 航速上行至铜鼓滩段航道 CS162 断面进入铜鼓滩弯道前，受斜流影响，船模无法直接上行，需先绕行至右岸侧缓流区后再持续操右舵以顶流航行通过铜鼓滩弯道。行至飞凤角段航道 CS105 处时，沿右岸侧沙角坪浅滩上行可通过飞凤角段航道。

当流量为 8 600 m^3/s 时，船模以 3.5 m/s 航速下行经过连接段航道时，受斜流影响，船模向左漂移，最大漂角为 10.6°。船模经过该段时最大需要操 16.5°右舵抵御斜流影响。船模行至铜鼓滩尾 CS162 断面处时，由右岸侧缓流区下行能够顺利进入羊栏滩段右汊航道；船模以 4.0 m/s 航速上行至 CS162 进入铜鼓滩弯道前，受该处斜流影响，需先绕行至右岸侧缓流区后再持续操右舵以顶流航行通过铜鼓滩弯道。船模行至 CS105 后过渡至右岸侧沙角坪浅滩上行可通过飞凤角段航道。

当流量为 20 000 m³/s 时，船模以 3.5 m/s 航速下行至连接段航道时，船模受斜流影响向左漂移，最大漂角达 12.5°，船模经过该段时最大需要操 22.4°舵角抵御斜流影响。船模行至铜鼓滩尾进入羊栏滩右汊时，仍需沿右岸侧缓流区行驶方能安全进入羊栏滩右汊航道；船模以 4.0 m/s 航速上行时，经过鹅蛋滩段航道时航行速度较慢，最大对岸流速为 0.78 m/s。船模航行过程中需频繁调整舵角以顶流航行。

(4) 船模航行试验小结

经过船模航行试验，得出总体方案 2 船模航行试验结论如下：

① 飞凤角段航道处，通过对航槽拓宽，船模均能经沙角坪浅滩缓流区安全通过飞凤角段航道，航道内水流条件较好，航行条件能够满足船模安全航行要求。

② 黔江大桥下游处航线修改后，航线与主流方向基本一致。航道内水流条件较好，航行条件能够满足船模安全航行要求。

③ 铜鼓滩弯道航道拓宽后，船模基本能够安全通过弯道段；铜鼓滩尾开挖后，当流量 $Q \geqslant 4\ 280$ m³/s 时，船模能够安全经过此处下行至羊栏滩右汊航道。

④ 口门区段航道处，通过拓宽航槽，口门区内比降减小。当流量 $Q \leqslant 4\ 280$ m³/s 时，其航行条件能够满足代表船型安全通航要求；流量 $Q \geqslant 8\ 600$ m³/s 时，口门区内斜流仍较大，船模航行过程中漂角及需要舵角均较大，不能满足船模安全航行要求，建议对口门区及连接段航道航行条件进行专题研究。

3.1.4.3 船模航行试验结论

经过船模航行试验，得到坝下 Ⅱ 级航道船模航行结论如下，各方案船模航行效果见表 3-3。

(1) 总体方案 2 较总体方案 1 航行条件改善明显，基本能满足船模安全航行要求，可作为推荐方案。

(2) 鹅蛋滩段航道处，当流量 $Q \geqslant 4\ 280$ m³/s 时，航道内纵向流速较大，船模上行时沿设计航线航行过程中，对岸航速不能满足船舶自航上滩要求。其航道左岸侧 40 m 内水深能够满足船模吃水要求，因此船模由左岸侧缓流区上行能够安全通过坝下航道。

（3）当流量 $Q>20\,000\ \mathrm{m^3/s}$ 时，船舶自航经过黔江大桥通航孔时即使用最大率定航速 $4.0\ \mathrm{m/s}$ 静水航速，其对岸航速仍不能满足船舶自航上滩安全航行要求。因此建议当流量 $Q>20\,000\ \mathrm{m^3/s}$ 时，研究河段限制通航。

（4）口门区及连接段航道处，洪水期流量 $Q\geqslant 8\,600\ \mathrm{m^3/s}$ 情况时，航道内横向流速较大，船模下行过程中漂角较大，航行条件不能满足船模安全航行要求，需谨慎操控，船模才能够进入下游天然航道。

表 3-3　Ⅱ级航道各方案船模航行效果分析表

	总体方案 1	总体方案 2
飞凤角段	流量 $Q\geqslant 2\,080\ \mathrm{m^3/s}$ 时，"S"形弯道内流偏角较大，达 11°，弯道内横向流速较大，船模在弯道处转向过程中操控困难	通过对航槽拓宽，船模经过该段航道时，可直接由沙ми坪边取直航行，避免进入"S"形弯道航行，船模航行条件较好
鹅蛋滩段	流量 $Q\geqslant 4\,280\ \mathrm{m^3/s}$ 时，主流集中于航槽内，流速较大。船模沿设计航线上行困难	同总体方案 1 相同，当流量 $Q\geqslant 4\,280\ \mathrm{m^3/s}$ 时，需沿左岸侧缓流区才能安全上行
黔江大桥段	流量 $Q\geqslant 2\,080\ \mathrm{m^3/s}$ 时，黔江大桥下游 300 m 处，流偏角较大，使航道内横向流速较大。船模航行过程中漂角较大	黔江大桥下游处航线修改后，航线与主流方向基本一致。航道内水流条件较好，航行条件能够满足船模安全航行要求
铜鼓滩段	流量 $Q\geqslant 2\,080\ \mathrm{m^3/s}$ 时，船模下行经过铜鼓滩弯道时，航迹带较宽，船模右舷驶出右航道边线，此处暗礁较多，船模航行存在较大安全隐患	铜鼓滩弯道航道拓宽后，船模基本能够安全通过弯道段
羊栏滩段	流量 $Q\geqslant 4\,280\ \mathrm{m^3/s}$ 时，大沙洲头斜流较大，船模下行时向左漂移。船尾距大沙洲头较近，存在较大安全隐患。建议船模行至该处时沿右岸侧缓流区航行进入下游航道	当流量 $Q\leqslant 2\,080\ \mathrm{m^3/s}$ 时，船模能沿设计航线安全航行。当流量 $Q\geqslant 4\,280\ \mathrm{m^3/s}$ 时，船模沿右岸侧缓流区下行，航行条件较好

3.1.5　坝下Ⅰ级航道船模航行试验

根据广西内河发展规划，长洲枢纽正常运行后，大藤峡枢纽至桂平三江口航道等级将达到Ⅱ级，而下游桂平三江口至长洲枢纽航道等级未来将规划建设成为Ⅰ级，因此综合考虑未来西江亿吨黄金水道的发展需要，针对本河段同时也开展了Ⅰ级航道建设可行性的探讨性研究，并结合物理模型和船模试验，提出初步的建设方案。

根据航道整治物理模型试验成果，Ⅰ级航道尺度为 $4\ \mathrm{m}\times 90\ \mathrm{m}\times 550\ \mathrm{m}$。选取 3 000 t 级货船进行船模航行试验。

图 3-3 为Ⅰ级航道航线的方案布置。航线的规划原则与具体布置为：自鹅蛋滩以上Ⅱ级航道整治方案实施后，由于均已满足Ⅰ级航道尺度要求，因此两者航线与工程布置相同；自黔江大桥上游 260 m 左右至下游 1 400 m（铜鼓滩弯道段上游），对原Ⅱ级航线两侧天然河道充足水深区域拓宽航槽；铜鼓滩弯道处至滩尾段，由于Ⅱ级航道整治已有所加宽以及该河段适航水域较大，满足Ⅰ级航道尺度要求，因此航线布置主要为向右侧调整，以使船舶行进时能充分利用河道宽度，有效调整船舶姿态，以顺利通过弯道；羊栏滩段因左侧为高大边滩，因此Ⅰ级航道方案主要为向右侧拓宽，可充分利用原有深槽，仅在局部区域需要疏浚、拓宽。

(1) 水流条件试验成果

Ⅰ级航道工程布置在Ⅱ级航道总体方案 2 基础上将航道拓宽至 90 m，因此，航道内水流条件与Ⅱ级航道总体方案 2 相比变化不大。

根据研究河段流速分析，中枯水流量下（$Q<4\,280\text{ m}^3/\text{s}$），工程整治措施有效改善了各滩的流急特性，航道内流速均在整治要求以内，无不良流态，通航条件较好；中洪水期（$Q\geqslant 4\,280\text{ m}^3/\text{s}$）时，水动力条件持续增强，飞凤角及鹅蛋滩由于河道单一、窄、边滩高大、主流集中等河势特点，航槽内均不同程度地出现流速超标情况，特别在 $Q>8\,600\text{ m}^3/\text{s}$ 时，飞凤角最大可达到 3.2~3.3 m/s；鹅蛋滩则由于主流位于规划航槽内，单纯的航道整治难以有效改变其洪水期水流走向，其最大流速在 3.7 m/s 左右；铜鼓滩因河面开阔，洪水期其流速均在标准之内；羊栏滩由于上游切滩及中槽开挖，有效降低了其主汊分流，同时改变主汊内流速分布，随着洪水期水流漫滩，其主汊内流速也均满足 3.0 m/s 限值。

(2) 船模航行试验

Ⅰ级航道 3 000 t 级单船航行如下：

当流量为 700 m³/s、2 080 m³/s 时，船模均能沿设计航线安全通过坝下航道。

当流量为 4 280 m³/s 时，船模下行时能安全通过坝下航道；船模以 4.0 m/s 航速上行至鹅蛋滩段航道时，仍需沿航槽左岸侧上行方能通过该段航道。

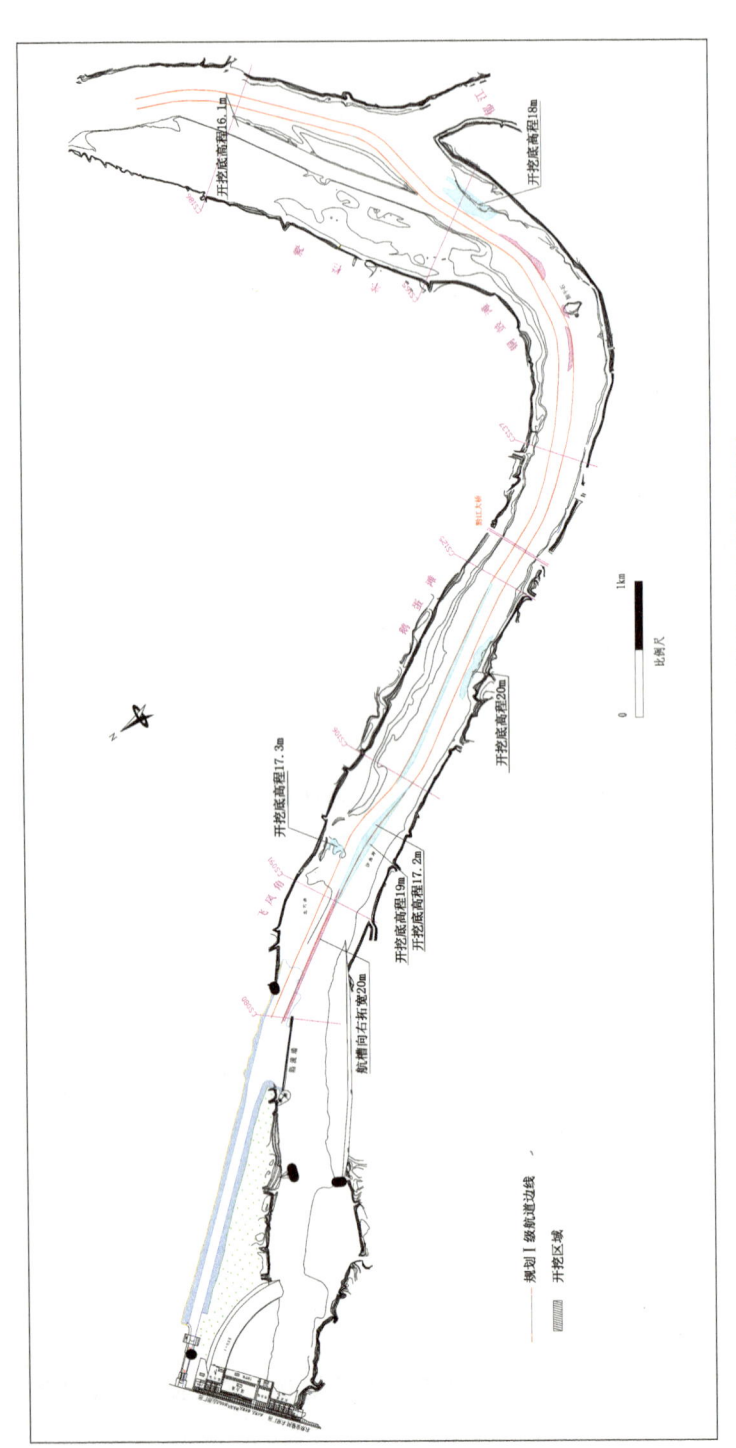

图 3-3 大藤峡枢纽坝下未衔接段Ⅰ级航道工程及航线布置图

当流量为 8 600 m³/s 时，船模以 3.5 m/s 静水航速下行至口门区及连接段时，受斜流影响，船模向左漂移，漂角最大达 9.8°，船模最大需要操 21.5°右舵才能通过连接段航道；船模以 4.0 m/s 静水航速上行至鹅蛋滩段时，仍需沿左岸侧设计航线上行方能通过该段航道。

当流量为 20 000 m³/s 时，船模以 3.5 m/s 静水航速下行至口门区及连接段时，受斜流影响，船模向左漂移，漂角最大达 10.3°，通过连接段航道时，需要持续操 22.3°右舵才能抵御斜流影响，使船模通过连接段航道；船模以 4.0 m/s 静水航速上行至鹅蛋滩段时，仍需沿左岸侧缓流区上行方能通过该段航道，进入连接段航道后，最大仍需操 20.1°左舵以抵御斜流影响。

(3) 结论

由船模航行试验可得结论如下：

① 设计 3 000 t 级货船能够安全通过坝下航道，航行条件能够满足Ⅰ级航道航行要求。

② 当流量 $Q \geqslant 4\ 280$ m³/s 时，船模上行经过鹅蛋滩段时，由左岸侧缓流区航行，能够顺利通过坝下航道。

③ 当流量 $Q \geqslant 8\ 600$ m³/s 时，连接段航道内横向流速较大，船模通行时航行漂角较大，需谨慎操控才能安全通过连接段航道。

3.1.6 结论及建议

3.1.6.1 结论

(1) 船舶模型采用与物理模型几何比尺 100 相同的正态模型，船模静水和运动性能均能满足试验要求。

(2) 总体方案 1 船模航行试验结果表明：该方案下，船模航行过程中存在以下几处安全隐患：

① 当流量 $Q \geqslant 2\ 080$ m³/s 时，船模于飞凤角段航道航行过程中操控较困难；

② 铜鼓滩段航道弯道处航宽不足，设计流量 700 m³/s 时，船模航行过程中，船尾易漂出航槽发生搁浅；

③ 铜鼓滩段航道中下段左侧航道外边滩外露阻水作用明显，形成自滩上斜

冲航槽的斜流，4 280 m³/s、8 600 m³/s 两级流量时此处航道内横向流速接近 0.7 m/s，船模行驶过程中易偏离设计航道，此处存在一 470 m 长浅滩，船模航行过程中存在安全隐患；

④ 羊栏滩段航道处，流量 $Q \geqslant$ 4 280 m³/s 时，大沙洲头 CS169 处斜流较大，船模下行至此处时，船尾与大沙洲头间距离较近，存在较大安全隐患。

(3) 总体方案 2 船模航行试验结果表明：该方案下，研究航道航行条件基本能够满足 Ⅱ 级航道船模安全航行要求。

(4) 当流量 $Q \geqslant$ 8 600 m³/s 时，船闸下游口门区及连接段航道内斜流较大，船模行驶过程中，漂角较大。航行条件不能满足船模安全航行要求，需要谨慎操控才能通过该段航道。

(5) 研究中对大藤峡枢纽坝下未衔接段 Ⅰ 级航道方案进行了船模航行试验，在航道尺度为 4 m×90 m×550 m 时，3 000 t 级货船能够安全通过研究航道。

3.1.6.2　建议

(1) 当流量大于 20 000 m³/s 时，黔江大桥通航孔内流速较大，船舶上行经过通航孔时，其对岸航速不能满足船舶自航上滩安全航行要求。因此，建议流量大于 20 000 m³/s 时，研究河段限制航行；

(2) 当流量 $Q \geqslant$ 8 600 m³/s 时，大藤峡坝下连接段航道内流偏角为 19°，斜流最大达 0.98 m/s，超出《标准》要求。船模航行过程中航行漂角较大，需谨慎操控方能通过连接段航道，建议设计部门在开展大藤峡枢纽设计工作时，对该段航道进行专题模型试验研究。

3.2　来宾至桂平 2 000 t 级航道工程羊栏滩物理模型研究

3.2.1　项目概况

来宾至桂平 2 000 t 级航道整治工程项目建设范围为桥巩枢纽下游至桂平两

江汇流口共 220.366 km 河段，其中桥巩枢纽下游至来宾宾港作业区共约 25.993 km 按内河Ⅳ级航道标准建设，通航 500 t 级内河船舶，航道尺度为 2.5 m×50 m×330 m（水深×宽度×弯曲半径，下同）；来宾宾港作业区以下至桂平两江汇流口河段共约 194.373 km 按内河Ⅱ级航道标准建设，通航 2 000 t 级内河船舶，设计航道尺度为 3.5 m×80 m×550 m。

该航道工程所在河段中存在已开工建设的大藤峡水利枢纽，其下游为已建的长洲枢纽，然而长洲枢纽正常蓄水位回水只能到达桂平三江口，桂平三江口与大藤峡之间还存在长约 12 km 的枯水期脱水段，具有山区河道特性，自上而下分布有飞凤角、鹅蛋滩、铜鼓滩、羊栏滩 4 个主要滩险。滩险碍航特性各异且呈现多滩相连的特征，是制约来宾至桂平段航道等级提升的关键性控制河段。尤其位于黔江、郁江汇合口段的羊栏滩，滩段水流急、流态乱、横流大，航行条件险恶，且涉及来宾至桂平 2 000 t 级航道和贵港至梧州 3 000 t 级航道建设间的相互影响问题，是研究河段中需要重点整治的滩险。

来宾至桂平 2 000 t 级航道工程整治河段为来宾桥巩电站至桂平三江汇合口，航道长度 220.781 km，其中桥巩至石龙三江口河段全长 98.218 km，属于红水河河段；石龙三江口至桂平三江汇合口河段全长 122.563 km，属于黔江河段。其中石龙三江口至勒马河段，两岸为丘陵台地，河床开阔，河宽 300～600 m；勒马以下至弩滩的 40 km 河段称大藤峡，两岸崇山峻岭，河床狭窄，一般河宽 200～300 m，河道迂回曲折，两岸多形成石质台阶，使枯水期水面宽仅 100～200 m；弩滩以下，河床又复开阔，全线两岸地质以水成岩居多，河床稳定。黔江以石质滩险居多，河床中岩盘边滩宽大，或断开或成片达数公里，崎岖不平，孤石星罗棋布。

本次"来宾至桂平 2 000 t 级航道工程羊栏滩物理模型试验"研究河段，自大藤峡船闸下游引航道连接段至桂平三江口，位于大藤峡枢纽下游近坝段、长洲枢纽库尾（如图 3-4）。在 2009 年长洲水利枢纽建成运行后，正常蓄水位情况下，干流 159 km 河道被渠化为库区航道，工程河段下段处于变动回水区，受长洲枢纽回水影响，上段为脱水段，不受长洲枢纽回水影响。研究河段为山区性航道，自上而下分布有飞凤角、鹅蛋滩、铜鼓滩、羊栏滩 4 个主要滩险。

图 3-4 试验研究河段地理位置示意图

3.2.2 试验船型和船模尺度

结合委托单位要求，在来桂 2 000 t 级航道工程河段选取 2 000 t 级单船、1 顶 2×2 000 t 级船队作为试验代表船型；考虑该河段工程前碍航特性复杂，为准确把握各滩段碍航特性，本次试验在上述要求的基础上，增设现状 500 t 级单船工程方案前船舶航行试验研究；同时考虑羊栏滩滩段同时涉及来桂 2 000 t 及贵梧 3 000 t 级航道工程，增设 3 000 t 级单船作为试验代表船型。船型尺寸详见表 3-4。

表 3-4 试验代表船型尺度表

序号	船型	总长	型宽	设计吃水	备注
1	2 000 t 级单船	74.0	15.8	3.4	配合方案试验
2	1 顶 2×2 000 t 级船队	182.0	16.2	2.6	配合方案试验
3	500 t 级单船	49.5	10.2	1.7	配合工程前现状试验
4	3 000 t 级单船	90.0	16.2	3.6	配合羊栏滩滩段方案试验

(1) 上滩能力指标

根据初步设计，参考长江航道局《航道整治水力计算》，消滩指标按下式估算：

$$K = T_0/R \tag{1}$$

式中，K 为消滩指数，$K \geqslant 1$ 时船舶可自航上滩；T_0 为船舶有效推力（kg），$T_0 = e75H_p/V_s$；e 为有效推力系数，本河段无实测资料，参考川江整治经验，取 0.38；H_p 为主机总功率（马力），设计船型 2 000 t 级船舶取 692 马力（1 马力=0.735 kW）；V_s 为实际水流流速；R 为航行阻力与坡降阻力之和，$R = R_{vi} + R_i$；R_{vi} 为航行阻力；R_i 为坡降阻力。

来宾至桂平 2 000 t 级航道工程中 2 000 t 级设计船型消滩指标 K 值计算结果如表 3-5 所示。根据《初设报告》，整治后流速控制指标采用 3.00 m/s，比降控制指标采用 1.5‰。当局部流速达 3.00~3.50 m/s 时，比降值按表 3-5 中消滩指标 $K \geqslant 1$ 相应栏比降值控制。

表 3-5　2 000 t 级船舶消滩指标 K 值计算表（船舶功率 692 马力）

序号	流速 (m/s)	比降 (‰)					
		1.0	1.5	2.0	2.5	3.0	3.5
1	2.50	1.896	1.514	1.260	1.079	0.944	0.838
2	3.00	1.296	1.074	0.917	0.799	0.709	0.637
3	3.25	0.907	0.776	0.678	0.602	0.541	0.492
4	3.50	0.764	0.663	0.585	0.524	0.475	0.433

(2) 船模航行状态判别标准

船舶在航行过程中，其航行状态的好坏取决于水流条件与船舶本身的动力特性及其操纵性能的优劣。在一定的水流条件下，船舶的航行状态一般由船舶的航行轨迹带宽、舵角、航向角、漂角、对岸航速等航行参数来反映。但如何通过船舶航行参数来判别航行状态的优劣，目前还没有相应的行业准则。参考船舶与桥墩间安全航行距离标准，当船舶在特殊水情条件下沿洲滩缓流区航行，距洲滩安全距离不小于 0.5 倍船宽。对于一般的航道，目前还没有在舵角、漂角等航行参数上进行限定，只是要求船舶能够以一定的对岸航速航行即可，如长江港船监督部门规定船队对岸航速不得小于 4 km/h，即 1.11 m/s；山区河流航道整治中要求船舶上滩时对岸航速不得小于 0.30～0.50 m/s。考虑到本研究河段的特性，采用对岸航速不小于 0.50 m/s 来衡量航道整治后的通航水流条件。

3.2.3 试验控制条件

根据本试验研究任务要求，黔江、郁江正常水情条件下共分为 9 种工况，涵盖浔江流量 920～31 054 m³/s，其中浔江流量 920 m³/s（黔江 700 m³/s）为研究河段的设计最小通航流量，浔江流量 31 054 m³/s（黔江 27 000 m³/s）为研究河段最大通航流量。正常水情下，九级流量工况中黔江汇流比（黔江流量/浔江流量，下同）在 0.69～0.90 之间，即黔江来流明显大于郁江，为黔江不利流量组合。同时，考虑到羊栏滩滩段位于黔江、郁江两江汇流口，两江不同汇流条件对羊栏滩通航水流条件影响明显，因此试验时在浔江 12 000 m³/s 流量级下增加汇流比分别为 0.47 与 0.27 的两级试验流量。

表 3-6 给出了物理模型试验的 12 种工况。由于模型尾门位于羊栏滩滩尾，缺乏长序列多年实测资料，物理模型试验各流量级下尾门的控制水位主要由数学模型根据桂平航道站的水位流量关系率定所得，如图 3-5 所示。需要指出的是，常规流量组合情况下，浔江设计最小通航流量 920 m³/s 时，根据历年水文流量

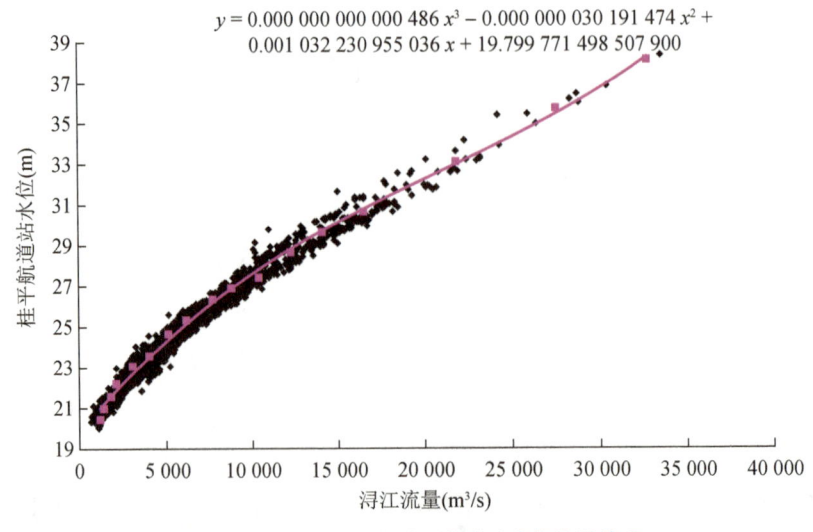

图 3-5 2009—2016 年桂平航道站水位流量关系

资料统计,桂平航道站水位20.64 m,比该处设计最低通航水位高0.48 m(桂平航道站水位20.16 m)。考虑到采砂及贵梧航道升级可能引起水位下降,在现状水流特性试验中,主要以设计最低通航水位/黔、郁江为设计最小通航流量条件下的工况作为分析工况。

表3-6 物理模型试验工况

序号	类型	流量(m³/s)			黔江汇流比 (黔江/浔江)	水位(m)		流量特征
		浔江	黔江	郁江		桂平航道站	尾门水位	
1	常规流量组合	920	700	220	0.76	20.64	20.55	设计最小通航流量
2		920	700	220	0.76	20.16	20.06	设计最小通航流量+ 设计最低通航水位
3		2 040	1 450	590	0.71	21.72	21.41	
4		3 000	2 080	920	0.69	22.59	22.11	中水流量
5		4 740	4 280	460	0.90	24.04	23.48	
6		10 000	8 600	1 400	0.86	27.59	26.98	
7		12 700	11 358	1 342	0.89	29.04	28.46	洪水流量
8		17 000	15 000	2 000	0.88	31.02	30.47	
9		22 800	20 000	2 800	0.88	33.39	32.86	黔江2年一遇洪水流量
10		31 054	27 000	4 054	0.87	37.29	36.88	羊栏滩最大通航流量
11	增设流量组合	12 800	6 031	6 769	0.47	/	30.47	
12		12 200	3 262	8 938	0.27	/	25.60	

注:①物理模型尾门水尺为尺11(右);②增设流量级中,包含根据前期研究成果显示郁江最不利汇流比(黔江汇流比0.47)情况。

3.2.4 现状条件下试验结果

针对现状条件下,各流量级的河道水位、滩段比降、重点滩段局部最大比降、航槽水深、河道流速、流场分布及碍航流态进行了试验研究,并针对典型流量级开展现状条件下500 t级单船船模航行试验,主要结论如下。

(1)现状条件下,铜鼓滩—羊栏滩滩段在黔江航道等级由Ⅴ级提升至Ⅱ级后,各滩段在设计最小通航流量下($Q_黔$=700 m³/s)均存在航宽不足,水浅碍航的问题。

(2)铜鼓滩滩段主要存在两处碍航点,自上而下分别位于铜鼓滩中前段的弯顶河心处及衔接段。铜鼓滩中前段的弯顶河心处横亘有担干石，枯、中水期礁石挑流作用使得主流蜿蜒曲折，且其后形成深入航槽的大片回流区，现状条件下 500 t 级单船行至该区域时，漂角较大，易发生触礁等风险，表现为枯、中水险滩碍航，最不利流量级为 $Q_{黔}=4\ 280\ m^3/s$，对应担干石下游 CS27 断面，航道内最大表面流速横向分量 0.85 m/s（指向航道右边线）且与航道中线呈 22°夹角；衔接段，枯、中水期受两岸石质边滩影响，在航槽内形成滑梁水、剪刀水等不良碍航流态，更在黔江流量 $4\ 280\ m^3/s \leqslant Q_{黔} < 27\ 000\ m^3/s$ 时呈现出坡陡流急的中洪水急险滩特性，现状条件下 500 t 级单船无法通过该段航道，最不利流量级为 $4\ 280\ m^3/s$，对应卡口下游 CS36 断面航道内表面最大流速达 3.60 m/s，局部比降达 6.18‰。

（3）羊栏滩滩段涉及黔江、郁江两江汇流，自上至下可划分为汇流段及羊栏滩浔江段，在洪水期滩段大范围进入 3.00 m/s 以上大流速区，现状条件下 500 t 级单船无法沿河道中心上行，须沿大沙右缘缓流区方可上行，表现为洪水期急流滩。滩段平均比降 0.31‰；汇流段，最不利流量级出现在 $8\ 600\ m^3/s \leqslant Q_{黔} \leqslant 11\ 358\ m^3/s$，对应汇流口段 CS48 断面，航道内表面最大流速达 3.30 m/s；羊栏滩浔江段，当 $Q_{黔}=8\ 600\ m^3/s$ 时，航道中线最大流速达 3.70 m/s。

3.2.5　设计方案

黔江大藤峡船闸下游连接段航道以下至桂平两江汇流口为来宾至桂平 2 000 t 级航道工程建设范围（大藤峡坝下 4.0～10.8 km），按内河Ⅱ级航道标准建设，通航 2 000 t 级内河船舶，设计航道尺度为 3.5 m×80 m×550 m，考虑Ⅱ级航道设计水深 3.5 m 及维护水深 0.3 m，航道实际开挖水深为 3.8 m。

桂平至两江汇流口以下的浔江航道为贵梧 3 000 t 级航道建设范围，按内河Ⅰ级航道标准建设，通航 3 000 t 级内河船舶，设计航道尺度为 4.1 m×90 m×670 m，考虑Ⅰ级航道设计水深 4.1 m 及维护水深 0.4 m，航道实际开挖水深为 4.5 m。

3.2.5.1　设计方案 1

（1）方案布置

来宾至桂平 2 000 t 级航道工程设计方案 1（设计推荐方案），大部分航道线路沿用现有航线，沿深泓线布置，在一些滩段为了改善流态和航行条件，酌情切除局部石角或炸除航道边线附近的礁石。航道实际开挖水深 3.8 m，底宽 80 m；大藤峡船闸坝下段航道起点设计底标高 17.1 m（在大藤峡船闸下游设计最低通航水位 20.9 m 基础上减 3.8 m），航道终点（桂平两江汇流口附近）设计底标高 16.36 m（在桂平船闸下游设计最低通航水位 20.16 m 基础上减 3.8 m），航道里程共 6 270 m，航道底坡 0.12‰。试验研究河段来桂 2 000 t 级航道工程疏浚炸礁量约为 64.29 万 m³。

贵港至梧州 3 000 t 级航道工程航道线路布置是在满足航道最小弯曲半径的前提下，大部分河段航道平面布置设计总体上在现状航道宽度基础上进行拓宽，并针对主要滩段航道线路进行礁石清除。航道实际开挖水深 4.5 m，底宽为 90 m；桂平两江汇流口下游至羊栏滩尾航道设计底标高 15.66 m（在桂平船闸下游设计最低通航水位 20.16 m 基础上减 4.5 m）。

表 3-7 为试验研究河段内主要滩段航道线路和整治方案详表。来桂 2 000 t 级设计航道与贵梧 3 000 t 级设计航道于断面 CS52 处交叉（与汇流段分界点相对应）后汇入贵梧 3 000 t 级设计航道。

表 3-7　主要滩段航道线路和整治方案

滩名	初步设计阶段航道线路和整治方案	
铜鼓滩	航道线布置：在原枯水航道线走向，按设计要求在原航槽基础上拓宽，平顺航线。自桥区航道向下游首个弯道位于铜鼓滩转弯段，弯曲半径 810 m，后于衔接段出弯，顺接 192 m 直线段进入第二个弯道，弯曲半径 600 m，并于大沙洲头出弯后顺接 409 m 直线段进入第三个弯曲航道，与贵梧 3 000 t 级设计航道顺接，弯曲半径 550 m 航道整治方案：炸除不满足水深条件的浅滩，对部分礁石按加宽 40 m 清除，在满足航宽的基础上使航道顺畅且与周边地形顺接，改善水流条件和航运条件	
羊栏滩	来桂 2 000 t 航道工程	贵梧 3 000 t 级航道工程
	航道线布置：本段为郁江和浔江航道衔接段，航道中心线与浔江和郁江航道中心线顺接 航道整治方案：炸除不满足水深条件的浅滩，对部分礁石按加宽 40 m 清除，在满足航宽的基础上使航道顺畅且与周边地形顺接，改善水流条件和航运条件	航道线布置：桂平枢纽口门区至子沙航段航道线往两侧各拓宽 20 m，航道宽度取为 130 m，在大沙洲尾航道线往左侧偏移 航道整治方案：疏浚水深不满足的航段，清除子沙及右岸碍航礁石

为验证设计方案 1 实施后是否满足设计代表船型安全通航要求,达到整治目的,以现状条件试验结果为基础,一方面选取各滩段重点碍航流量级($Q_{黔}$=4 280 m³/s、8 600 m³/s、11 358 m³/s),另一方面为验证设计方案开挖对水位降落的影响,选取设计最小通航流量($Q_{黔}$=700 m³/s),进行设计方案试验研究,具体试验组次见表 3-8。

表 3-8　设计方案 1 条件下试验组次表

序号	流量（m³/s） 浔江	黔江	郁江	尾门水位（m）	备注	
1	920	700	220	20.06	验证设计方案对航道进行开挖引起水位降落后是否满足安全通航要求	
2	3 000	2 080	920	22.11	配合开展 2 000 t 级船队船模航行试验（上行、下行）	
3	4 740	4 280	460	23.48	对应铜鼓滩中前段、衔接段最不利流量级	配合开展 2 000 t 级船队船模航行试验（上行、下行）
4	10 000	8 600	1 400	26.98	对应羊栏滩中后段最不利流量级	
5	12 700	11 358	1 342	28.46		配合开展 2 000 t 级船队船模航行试验（上行、下行）
6	22 800	20 000	2 800	32.86		

（2）整治效果分析

从设计方案 1 航道条件试验结果来看,物理模型试验河段内设计最小通航流量条件下,水浅碍航的问题得到明显改善;铜鼓滩中前段,随着伸入设计航道内的局部担干石被清除,使得中枯水期由于担干石挑流而形成的回流范围及强度均有所减小,中枯水险滩碍航情况得到改善。

然而,衔接段及羊栏滩中后段,中洪水期设计航道内流速及比降并无明显变化,衔接段仍存在坡陡流急的情况,流态上依然在两滩衔接段存在滑梁水及剪刀水等不良流态,中洪水急险滩问题未得到有效解决;羊栏滩中后段,仍存在洪水急流碍航的问题。

（3）船模航行试验

针对设计方案 1,采用 2 000 t 级船队进行船模航行试验研究,试验表明:

① 设计方案 1 条件下,衔接段航道内流速、比降较大,当 $Q_{黔}$≤2 080 m³/s 时,船舶上行时可通过该段航道,但对岸航速较小,最小时为 0.42 m/s;当流量

$Q_{黔}>2~080~\text{m}^3/\text{s}$ 时，船舶则无法通过该段航道。

② 羊栏滩中后段航道内主流流速较大，当 $Q_{黔}\leqslant 4~280~\text{m}^3/\text{s}$（$Q_{浔}\leqslant 4~740~\text{m}^3/\text{s}$）时，船舶可沿设计航线上行，局部对岸航速也不能满足船舶自航上滩要求；当 $Q_{黔}>4~280~\text{m}^3/\text{s}$（$Q_{浔}>4~740~\text{m}^3/\text{s}$）时，船舶则须沿大沙右缘缓流区方可上行。

③ 当 $Q_{黔}\geqslant 4~280~\text{m}^3/\text{s}$ 时，黔、郁两江汇流口处右转向时，由于船舶上行时对岸航速较小，而主流流速较大，船舶航行时易被主流冲向河道中心，存在较大安全风险。

④ 设计方案1航线布置弯道较多，弯道间调整航态空间较小，且转弯半径较小，设计船队下行时须操较大舵角以调整航态，航行时漂角较大；其中铜鼓滩段航道处弯道尤为突出，该段航道内航线与主流方向夹角较大，船舶下行时航态较差，操控难度较大。

3.2.5.2 设计方案2

(1) 方案布置

设计方案1大部分航道线路沿用现有航线，沿深泓线布置，然而却存在设计航道弯道较多，且转弯半径较小的问题，使得船舶在弯道间调整航态空间较小，操控难度较大。为此，在方案1的基础上，保持航道基本设计参数不变（来桂2 000 t级航道工程航道实际开挖水深3.8 m，底宽80 m；贵梧3 000 t级航道工程航道实际开挖水深4.5 m，底宽为90 m），对断面CS18～CS56（距桥轴线1.4～4.5 km）区间航线进行调整，形成来宾至桂平2 000 t级航道工程设计方案2，主要滩段航道线路和整治方案布置见表3-9。

表3-9 主要滩段航道线路和整治方案

滩名	初步设计阶段航道线路和整治方案
铜鼓滩	航道线布置：(1) 相较设计方案1，设计方案2在CS18～CS39区间将设计航道中心线向河道左侧偏移，首个弯道（铜鼓滩转弯段）自CS18入弯，航道中线弯曲半径由810 m增加至910 m，弯顶点由CS28上提至CS25断面，出弯段由CS35上提至CS31；(2) 设计方案2取消设计方案1中位于衔接段的第二个弯道，而是自CS31出弯后顺接1 425 m顺直航道 航道整治方案：炸除不满足水深条件的浅滩，对部分礁石按加宽40 m清除，在满足航宽的基础上使航道顺畅且与周边地形顺接，改善水流条件和航运条件

(续表)

滩名	初步设计阶段航道线路和整治方案	
	来桂 2 000 t 级航道工程	贵梧 3 000 t 级航道工程
羊栏滩	航道线布置：顺接位于衔接段的顺直航道，于大沙中部（CS50 上游）再次进入弯道，航道中线弯曲半径保持 550 m 不变，并与贵梧 3 000 t 级航道衔接 航道整治方案：炸除不满足水深条件的浅滩，对部分礁石按加宽 40 m 清除，在满足航宽的基础上使航道顺畅且与周边地形顺接，改善水流条件和航运条件	航道线布置：桂平枢纽口门区至子沙航段航道线往两侧各拓宽 20 m，航道宽度取为 130 m，在大沙洲尾航道线往左侧偏移 航道整治方案：疏浚水深不满足的航段，清除子沙及右岸碍航礁石

为验证设计方案 2 实施后是否满足设计代表船型安全通航要求，达到整治目的，以现状条件试验结果为基础，选取各滩段重点碍航流量级（$Q_{黔}$＝4 280 m³/s、11 358 m³/s），进行设计方案试验研究，具体试验组次见表 3-10。

表 3-10　设计方案 2 条件下试验组次表

序号	流量（m³/s）			尾门水位（m）	备注
	浔江	黔江	郁江		
1	4 740	4 280	460	23.48	对应铜鼓滩中前段、衔接段最不利流量级
2	12 700	11 358	1 342	28.46	对应羊栏滩中后段最不利流量级

（2）整治效果分析

① 铜鼓滩中前段，在现状条件下由于担干石挑流，在设计航道内形成碍航回流，具有枯、中水险滩碍航特性。设计方案 2 将设计航道向河道左岸偏移，并对局部担干滩头进行清除，使得航道内回流范围有所减小，航道中线流速沿程分布均匀，典型流量级 $Q_{黔}$≤11 358 m³/s 时滩段流速小于 3.0 m/s；且当 $Q_{黔}$＝4 280 m³/s 时 CS27 断面航道内最大流速横向分量由现状时 0.85 m/s 减小至 0.13 m/s，流速与航道中线夹角由 22°减小至 3°，铜鼓滩中前段枯、中水险滩碍航特性有所改善。

② 衔接段，在现状条件下 4 280 m³/s≤$Q_{黔}$≤8 600 m³/s 时受左右高滩限制，过水断面较上下游明显减小，主流下泄不畅，$Q_{黔}$＝4 280 m³/s 时 CS36 断面最大局部比降达 6.18‰，对应流速 3.60 m/s，坡陡流急并伴随有滑梁水及剪刀水等不良流态，中、洪水急险滩碍航特性明显；设计方案 2 实施后，$Q_{黔}$＝4 280 m³/s 时航道内局部最大比降减小至 3.17‰（CS35），对应流速 3.16 m/s，虽较现状条件均有所

减小，但仍无法满足来桂航道设计船型上滩能力指标，不良碍航流态仍存在。

③ 羊栏滩中后段现状条件下，8 600 m³/s≤$Q_{黔}$≤15 000 m³/s 时大范围滩段进入 3 m/s 以上大流速区，具有洪水急流碍航特性；设计方案 2 实施后，滩段流速无明显改善，仍具有洪水期急流碍航的特性。

3.2.6 优化方案

3.2.6.1 优化方案 1

优化方案 1 是在设计方案 1 的基础上进行的优化研究。从前述设计方案 1 试验结果来看，来桂 2 000 t 级和贵梧 3 000 t 级航道工程实施后，试验研究河段航道枯水期航道水深不足的问题可以得到解决，影响航道安全的主要问题是中洪水期航道流速大、局部滩段水流紊乱。

因此，考虑各滩段碍航水流形成的条件，在设计方案 1 实施的基础上，各滩段整治思路见表 3-11。

表 3-11 各滩段整治思路

滩段	碍航特性	设计方案存在问题	整治思路
衔接段	中洪水急险滩碍航	对右侧高滩进行局部清除，无法消除边滩对水流的限制，仍表现为中洪水急险滩碍航	消除左岸挑流点，平顺水流边线，有效增大过水断面面积
羊栏滩中后段	洪水急流碍航	清除子沙及右岸碍航礁石后，仍在洪水期具有 3 m/s 以上大流速，船舶上行存在较大安全风险	扩大黔江入汇断面过水断面面积，同时保证中槽分流量

为加快项目研究进度，实现数学模型和物理模型研究成果的有效衔接，将数学模型研究下边界延长至羊栏滩尾 1.5 km，对铜鼓滩、羊栏滩滩段整治进行初步计算，为物理模型优化方案试验提供基础研究方案，如表 3-12 所示，炸礁区平面布置如图 3-6 所示。

表 3-12 数学模型基础研究方案及整治效果表（设计方案 1）

滩段	方案名称	方案情况
衔接段	tgt_1 (d)	航道右侧 t-1#区、航道左侧 t-2#区及羊栏滩滩头 t-3#区均炸至 19.5 m，羊栏滩滩头炸礁左岸外缘线以 24 m 等高线控制
羊栏滩中后段	ylt_1 (a)	在铜鼓滩羊栏滩过渡段整治方案 tgt_1 (d) 基础上，将大沙右侧边坡 22 m 等高线以下区域（y-1#区）疏挖至 16 m

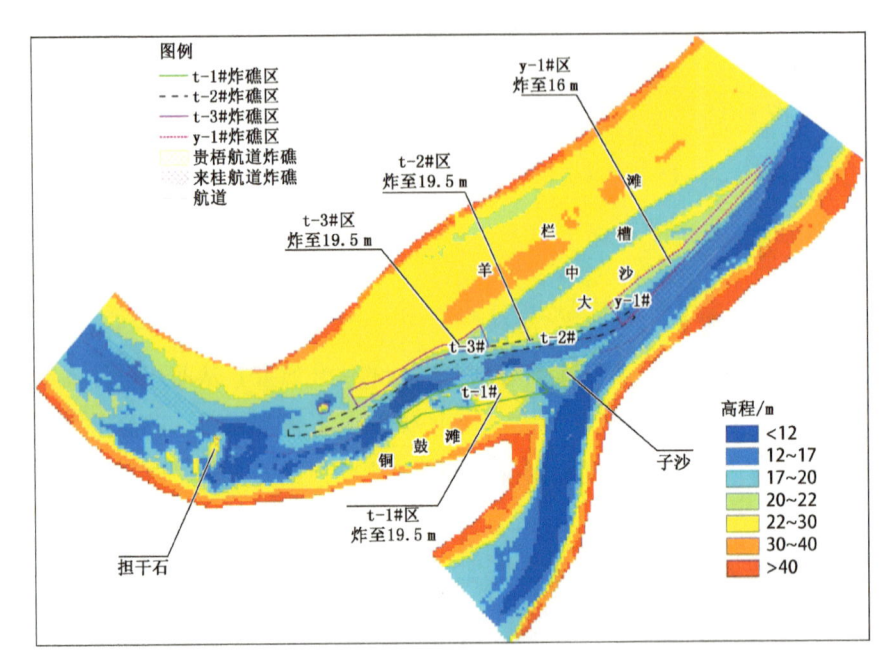

图 3-6　数学模型基础研究方案炸礁区布置图

采用物理模型对数模提供的基础研究方案进行试验研究，发现基础研究方案中提到的对衔接段左侧进行的 t—3# 区域的清炸范围不足，并未完全消除左岸挑流点，无法形成有效的过水断面面积。因此，物理模型在衔接段左侧 2# 清炸区的基础上，扩大左侧边滩切除范围，消除挑流点，平顺水流边线，达到增大过水断面面积的目的。同时，来桂 2 000 t 级设计航道于大沙中后段 CS52 处汇入贵梧 3 000 t 级设计航道，贵梧 3 000 t 级航线左偏且已切除大沙右缘部分沙体，增加了可航水域范围，自航船模试验发现，船模可利用大沙右缘上行，建议仍采用贵梧 3 000 t 级航道工程初步设计阶段推荐方案，暂不考虑另外增加挖方量。

(1) 方案布置

① 1# 清炸区：衔接段碍航控制断面为 CS36 断面，设计方案 1 实施后滩段最不利流量级仍为 $Q_黔 = 4\,280 \text{ m}^3/\text{s}$，保证在该流量级下有效增大过水断面面积，对航道边线左侧边滩进行挖深，并与上下游地形顺接，布置 1# 清炸区，清炸底高程为 19.5 m。

② 2# 清炸区：为有效减小羊栏滩汇流段流速，对其上游棋盘石进行局部切

滩。考虑到设计方案1实施后，该滩段最不利流量级为$Q_{黔}=8\,600\ \text{m}^3/\text{s}$，通过开挖右侧棋盘石，保证该流量下能有效增大过水断面面积，分散主流，并与上下游地形顺接，布置2#清炸区，清炸底高程19.5 m。

③3#清炸区：在设计方案1布置的基础上增加1#清炸区与2#清炸区，在优化过程中发现，下游滩段的开挖顺势引起铜鼓滩中前段水位降低，增大了铜鼓滩弯道断面流速，当$Q_{黔} \geqslant 4\,280\ \text{m}^3/\text{s}$时2 000 t级船队沿设计航道下行至弯顶段航道时（航道弯曲半径810 m），船艉漂出设计航道右侧加宽边线，且主流使船队向右冲向下罗窑浅滩。为了保证船舶下行安全，一方面对担干石进行进一步清除，布置3#清炸区，清炸底高程与航道底标高一致，使得当$Q_{黔} \geqslant 4\,280\ \text{m}^3/\text{s}$时设计船队行至担干石断面时，保持船队相对滩边线足够富裕宽度，可以提前调整舵角以减小漂角。

（2）弃渣区布置

初步设计阶段，物理模型试验范围内规划布置7个弃渣区，如图3-7所示，弃渣区特征参数见表3-13。从图中可以看出，1#弃渣区位于铜鼓滩束窄段航道右侧，处于优化方案1航道右侧加宽段范围，建议取消；2#弃渣区位于优化方案1衔接段航道内，当弃渣于深槽时，过水断面面积有所减小，不利于改善衔接段中洪水急险滩碍航特性，建议取消；5#、6#弃渣区位于优化方案1航道加宽段右侧，距加宽航道边线仅30 m，位于中洪水期2 000 t级船队下行航线位置，建议缩小5#、6#弃渣区面积，将左边缘线向右移动；7#弃渣区位于弯顶下游主流区左侧，不考虑弃渣情况下，当$Q_{黔} \geqslant 15\,000\ \text{m}^3/\text{s}$时优化方案1航道内已进入3 m/s以上大流速区，若大面积弃渣，则易加大航道内流速，不利于船舶顺利通航，建议取消，其余方案保持不变。

表3-13 弃渣区情况一览表

弃渣区	位置	弃渣区面积（万 m²）	弃渣区顶高程（m）	弃渣区容量（万 m³）	备注
1#	铜鼓滩右岸	1.41	21	4.0	建议取消
2#	铜鼓滩深槽	1.33	12	6.0	建议取消
3#	铜鼓滩深槽	0.86	12	2.0	保留
4#	铜鼓滩深槽	2.72	12	7.0	保留

（续表）

弃渣区	位置	弃渣区面积（万 m²）	弃渣区顶高程（m）	弃渣区容量（万 m³）	备注
5#	铜鼓滩右岸	3.50	21	28.5	建议缩小弃渣区面积
6#	铜鼓滩右岸	0.79	21	5.0	建议缩小弃渣区面积
7#	铜鼓滩左岸	4.60	21	23.0	建议取消

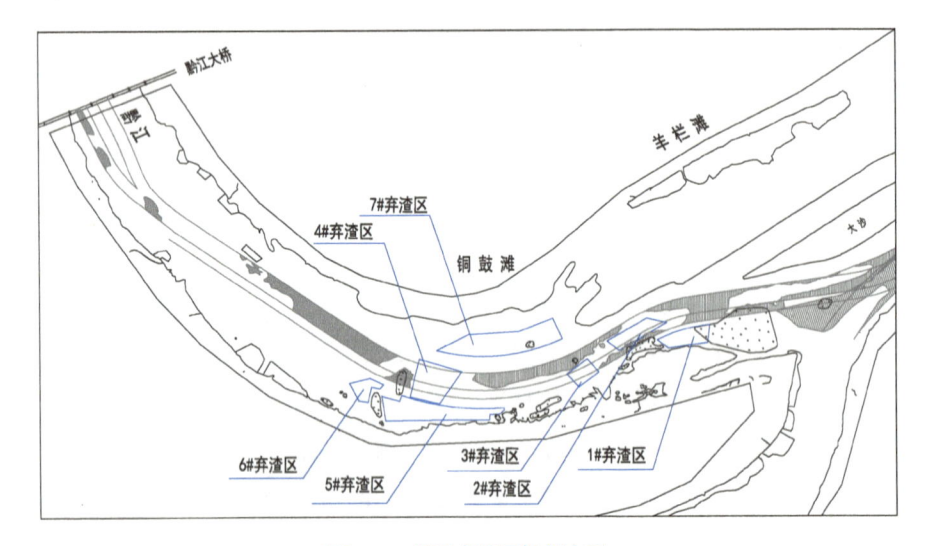

图 3-7 设计弃渣区规划布置

（3）整治效果分析

优化方案 1 是在设计方案 1 基础上进行的滩险整治工程优化，从水流试验结果来看：

① 优化方案 1 实施后，设计流量下 2 000 t 级航道内最小水深为 3.8 m，3 000 t 级航道内最小水深 4.59 m，满足航道设计要求。

② 铜鼓滩中前段在现状条件下由于担干石挑流，在设计航道内形成碍航回流，具有枯、中水险滩碍航特性；优化方案 1 在设计方案 1 的基础上对担干石航道加宽线右侧进行了进一步清炸，从水流条件看，担干石形成的挑流现象消失，$Q_黔 = 4\ 280\ \text{m}^3/\text{s}$ 时 CS27 断面航道内最大表面流速横向分量减小至 −0.12 m/s，流速与断面法向夹角仅为 −4°，铜鼓滩中前段枯、中水险滩碍航特性得以消除。

③ 衔接段在现状条件下 4 280 m³/s≤$Q_\text{黔}$≤8 600 m³/s 受左右高滩限制，过水断面较上下游明显减小，主流下泄不畅，$Q_\text{黔}$＝4 280 m³/s 时 CS36 断面最大局部比降达 6.18‰，对应流速 3.60 m/s，坡陡流急并伴随有滑梁水及剪刀水等不良流态，中、洪水急险滩碍航特性明显；优化方案 1 实施后，$Q_\text{黔}$＝4 280 m³/s 时航道内局部最大比降减小至 1.18‰（CS40），对应流速 2.50 m/s，满足来桂 2 000 t 级航道设计船型上滩能力指标。同时由于两侧边滩的清除，现状条件下的剪刀水与滑梁水碍航水流被消除，航道内水流被调顺，CS36 断面最大横向流速分量仅为－0.09 m/s，与断面法线呈－2°夹角。

④ 羊栏滩中后段现状条件下，于洪水期滩段陆续进入 3 m/s 以上大流速区，具有洪水急流碍航特性；优化方案 1 实施后，滩段最大流速出现在 $Q_\text{黔}$＝11 358 m³/s 时，该段航道内最大流速约为 3.11 m/s（CS46），对应局部比降 0.21‰，满足设计船型上滩能力指标；同时羊栏滩浔江段航道内，流速较现状条件也有所减小，当 $Q_\text{黔}$＝11 358 m³/s 时，滩段出现大于 3.00 m/s 的大流速区域，最大流速 3.39 m/s，滩段平均比降 0.27‰。

（4）船模航行试验

针对优化方案 1，采用 2 000 t 级船队及 2 000 t 级单船进行船模试验研究，结合水流条件试验结果，优化方案 1 实施后衔接段及其下游滩段，当 $Q_\text{黔}$＝11 358 m³/s 时通航水流条件最不利。因此选取 $Q_\text{黔}$＝4 280 m³/s、11 358 m³/s 及 $Q_\text{黔}$＝2 080 m³/s、20 000 m³/s 进行重点船模航行试验，试验表明：

① 当 $Q_\text{黔}$≤20 000 m³/s 时，2 000 t 级单船及船队均可自航通过铜鼓滩及羊栏滩段航道，能够满足船舶自航上滩要求。当 $Q_\text{黔}$≤4 280 m³/s 时，船舶可沿设计航线上滩，但当 $Q_\text{黔}$≥11 358 m³/s 时，由于航道内流速大，船舶须由缓流区上行。

② 该方案规划航线有三处弯道，分别位于担干石、羊栏滩中槽及郁江汇流口处，三处弯道距离较近，船舶下行时调整航态空间较小，航行时须谨慎操控。

③ 担干石段航道内，弯道出弯段航道与主流夹角较大，致使该处航道内横流较大，船舶下行航经该处时漂角较大。且该处航道转弯半径较小（R＝810 m），2 000 t 级船队航行经过此处时漂角最大达 24.58°，操控难度较大。

3.2.6.2 优化方案 2

优化方案 2 是在设计方案 2 的基础上进行的优化研究。从前述设计方案 2 航道条件计算分析来看，黔江 2 000 t 级和郁江 3 000 t 级航道工程实施后，试验研究河段内设计航道布置有所调顺，增大了铜鼓滩弯顶段转弯半径。但仍存在中洪水期航道流速大、局部滩段水流紊乱的碍航问题。

（1）方案布置

由于设计方案 2 实施后尚存在滩段碍航特性且碍航原因与设计方案 1 相同，因此采用与设计方案 1 相同的滩险整治思路与整治顺序，方案布置如下：

① 根据优化方案 1 船模航行试验结果，由于铜鼓滩弯顶段航道弯曲半径较小，2 000 t 级设计船队下行漂角较大，不利于船舶安全航行，因此对该段弯曲半径再次进行增大，弯顶段航道中心线弯曲半径调整至 1 000 m，减少设计航道内转弯段。

② 1♯清炸区：衔接段碍航控制断面为 CS36 断面，最不利流量级为 $Q_{黔}$ = 4 280 m³/s，保证在该流量级下有效增大过水断面积，对航道边线左侧边滩进行挖深，并与上下游地形顺接，布置 1♯清炸区，清炸底高程为 19.5 m。相较优化方案 1，由于衔接段航道调直、调顺，航道左边线距离左侧边滩距离有所增大，因此清炸范围有所减小。

2♯清炸区，在保证通航水流条件的基础上将右侧开挖边线向左侧缩窄至距设计航道右边线 30 m，开挖底高程 16.4 m，形成 2♯开挖区。

3♯清炸区布置方式与优化方案 1 相同。

（2）弃渣区布置

针对设计方案 2，物理模型试验范围内规划布置 7 个弃渣区，如图 3-8 所示，弃渣区特征参数见表 3-14。较设计方案 1，方案 2 将 5♯弃渣区面积由 3.5 万 m² 增加至 7.1 万 m²，将 7♯弃渣区面积由 4.6 万 m² 缩减至 2.34 万 m²。从图中可以看出，1♯、7♯弃渣区仍位于中洪水期过流断面，设计方案 2 条件下不考虑弃渣区情况下，当 $Q_{黔} \geq 11\,358$ m³/s 时，设计航道内已进入 3 m/s 以上大流速区，若大面积弃渣，则易加大航道内流速，不利于船舶顺利通航，建议取消；2♯弃渣区位于衔接段航道深槽内，当弃渣于深槽时，过水断面面积有所减小，不利于改善设计方案 2 条件下仍存在的中洪水急险滩碍航特性，建议取消；5♯、6♯弃渣区位于优化方案 2 航道右侧，距航道边线 50 m，距右侧加宽边线不足

10 m，建议缩小 5#、6# 弃渣区面积，将左边缘线向右移动，其余方案保持不变。

表3-14 弃渣区情况一览表

弃渣区	位置	弃渣区面积(万 m²)	弃渣区顶高程（m）	弃渣区容量(万 m³)	备注
1#	铜鼓滩右岸	1.41	21	4.0	建议取消
2#	铜鼓滩深槽	1.33	12	6.0	建议取消
3#	铜鼓滩深槽	0.86	12	2.0	保留
4#	铜鼓滩深槽	2.72	12	7.0	保留
5#	铜鼓滩右岸	7.10	21	59.0	建议缩小弃渣区面积
6#	铜鼓滩右岸	0.79	21	5.0	建议缩小弃渣区面积
7#	铜鼓滩左岸	2.34	21	11.0	建议取消

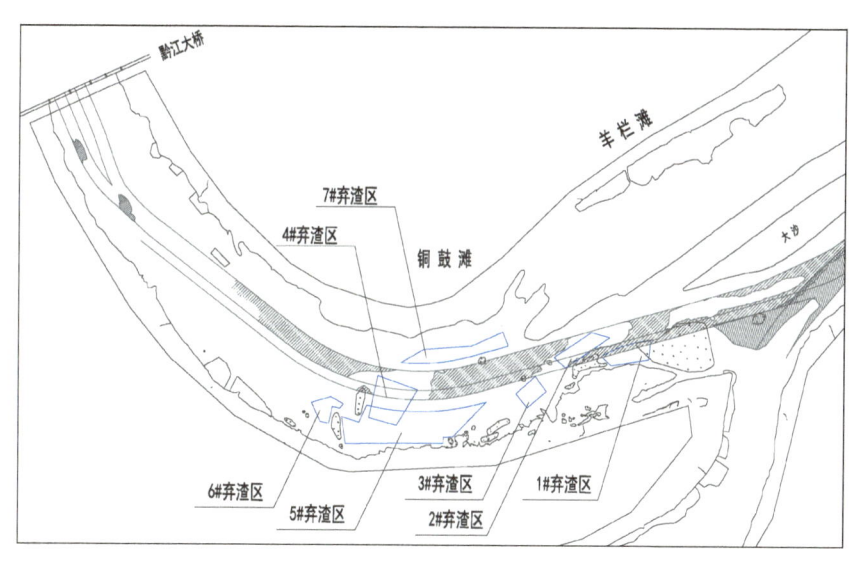

图3-8 设计弃渣区规划布置

（3）整治效果分析

① 优化方案2实施后，仅铜鼓滩滩头水位较过程方案有所降落，最大降落发生在水尺5处，降幅为4 cm，其下游水位降幅逐渐减小，伴随整治挖深，设计流量下航道内2 000 t级航道段最小水深为3.8 m，3 000 t级航道段最小水深

4.59 m，满足航道设计要求。

② 优化方案 2 条件下，铜鼓滩中前段担干石形成的挑流现象消失，$Q_{黔}=4\,280\ \text{m}^3/\text{s}$ 时 CS27 断面航道内横向流速分量最大值减小至 0.30 m/s，流速与航道中心线夹角为 9°，铜鼓滩中前段枯、中水险滩碍航特性得以消除。

③ 优化方案 2 条件下，衔接段 $Q_{黔}=4\,280\ \text{m}^3/\text{s}$ 时航道内局部最大比降由现状条件 6.18‰（CS36）减小至 1.50‰（CS41），对应航道中心线流速最大值由 3.60 m/s 下降至 2.75 m/s，同时由于两侧边滩的清除，现状条件下的剪刀水与滑梁水碍航水流被消除，航道内水流被调顺，满足来桂 2 000 t 级航道设计船型上滩能力指标。

④ 优化方案 2 条件下，羊栏滩中后段对棋盘石局部及子沙进行了清炸，使得来桂 2 000 t 级航道范围内流速减小明显，$Q_{黔}=8\,600\ \text{m}^3/\text{s}$ 时来桂 2 000 t 级航道范围内航道中心线流速已基本降至 3.00 m/s 以下，整治后最大流速出现在 $Q_{黔}=11\,358\ \text{m}^3/\text{s}$ 时，最大流速为 3.34 m/s，对应局部比降 0.58‰，满足 2 000 t 级代表船型上滩能力指标。

(4) 黔江—郁江船模调头试验

在优化方案 2 上开展 2 000 t 级单船船模由黔江直接进出郁江航行初步试验研究，试验结果表明，当 $Q_{黔}=2\,080\ \text{m}^3/\text{s}$ 时，2 000 t 级单船可由黔江进入郁江，也可由郁江进入黔江，如图 3-9 所示。当 $Q_{黔}\geqslant 4\,280\ \text{m}^3/\text{s}$ 时，由于两江汇流口段主流流速较大，且船舶转向时航线与主流流向夹角较大，致使航道内横向流速最大可达约 1.5 m/s，转向进入郁江时船舶易失去控制，易发生安全事故。

(a) 黔江进入郁江　　　　　　　　(b) 郁江进入黔江

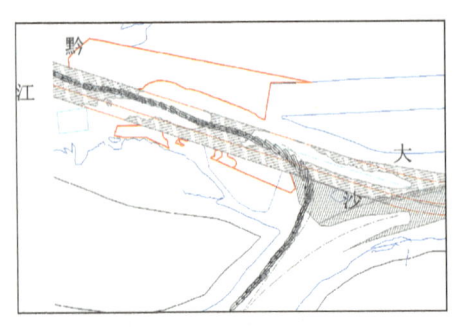

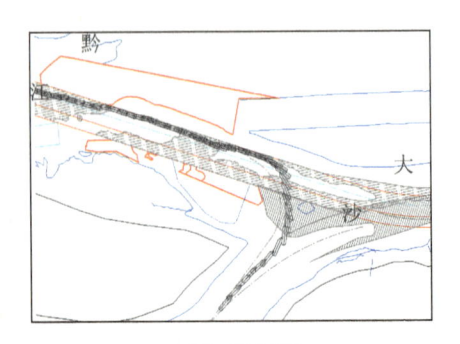

图 3-9　2 000 t 级单船黔江—郁江船模调头试验

（5）黔江—浔江 3 000 t 级单船船模航行试验

在优化方案 2 上开展浔江至黔江航段 3 000 t 级单船船模航行试验研究，以验证来桂 2 000 t 级航道提升的可能性。

试验结果表明，在典型流量级下，3 000 t 级单船可基本沿设计航道上、下行，仅当 2 080 m³/s≤$Q_黔$≤11 358 m³/s，3 000 t 级单船以 4.0 m/s 航速上行通过铜鼓滩弯段时，受弯道内横流影响，需操较大舵角调整航态，需谨慎驾驶。

（6）郁江—浔江 3 000 t 级单船船模航行试验

同时在优化方案 2 上开展浔江至郁江航段 3 000 t 级单船船模航行试验研究，通过船模航行试验可知，优化方案 2 下，郁江航行船舶可顺利通过汇流口航道进出大沙段航道，在典型流量级下（当 $Q_黔$≤20 000 m³/s），航行参数能够满足船舶安全航行要求。

3.2.7 结论与建议

结论

（1）综合水流、船模试验结果及验收会与会专家意见，将优化方案 2 作为最终推荐方案。考虑到优化方案 1 设计航道沿深泓线布置，开挖工程量较小，且通航水流条件基本满足要求，将优化方案 1 作为比选方案。

（2）在推荐方案基础上，开展 3 000 t 级单船浔江—黔江船模航行试验及 2 000 t 级单船黔江—郁江船模调头航行试验（初步观察试验，不进行方案优化论证）。试验结果表明，当 1 450 m³/s≤$Q_黔$≤20 000 m³/s 时，黔江—浔江试验段航道水深满足 3 000 t 级单船航行需要，3 000 t 级单船基本可沿黔江—浔江航道上、下行，仅在 2 080 m³/s≤$Q_黔$≤11 358 m³/s，3 000 t 级单船上行通过铜鼓滩弯道段时，为抵抗弯道横流影响，所操舵角较大，需谨慎驾驶；当 $Q_黔$=2 080 m³/s 时，2 000 t 级单船可实现黔江、郁江间的直接进出，当 $Q_黔$≥4 280 m³/s 时，由于两江汇流口段主流流速较大，且船舶转向时航线与主流流向夹角较大，致使航道内横向流速最大可达约 1.5 m/s，转向进入郁江时船舶易失去控制，易发生安全事故。

（3）在最终推荐方案的基础上，开展浔江—郁江航段 3 000 t 级单船船模航行试验研究。试验结果表明，郁江航行船舶可顺利通过汇流口航道进出大沙段航道，航行参数能够满足船舶安全航行要求。

建议

（1）由于羊栏滩中后段设计来桂 2 000 t 级航道工程与贵梧 3 000 t 级航道工程航道线路交叉影响，为保证船舶会遇时航行安全，建议贵梧 3 000 t 级航道工程在羊栏滩滩尾段进行适当加宽处理。

（2）结合 2 000 t 级单船黔江—郁江船模调头航行试验结果，当 $Q_{黔} \geqslant$ 4 280 m³/s 时，由于两江汇流口段主流流速较大，且船舶转向时航线与主流流向夹角较大，致使航道内横向流速最大可达约 1.5 m/s，转向进入郁江时船舶易失去控制，易发生安全事故，建议在羊栏滩下游宽阔水域调头航行，以解决黔江流量大于等于 4 280 m³/s 时船舶由黔江进入郁江或由郁江进入黔江问题。

第 4 章

船闸改扩建工程通航研究应用

4.1 项目概况

(1) 河道概况

澧水是湖南省四大水系之一，位于湖南省西北部，地跨湘鄂两省边界地区。干流在桑植县以上分为北、中、南三源，以北源为主源。沿江流经桑植、张家界、慈利、石门、澧县，至澧县小渡口注入西洞庭湖，干流全长 388 km。流域面积 1.85 万 km², 其中湖南占 84%。澧水属山区河流，滩多坡陡，总落差达 621 m, 平均比降 1.83‰, 水能资源丰富，总蕴藏量达 205.13 万 kW, 其中湖南境内 152.46 万 kW, 占 74.32%。

桑植以上为澧水上游，全长 94 km, 河流蜿蜒于高山峻岭之中，山势崎岖，两岸山峰海拔多在 1 000 m 以上，河谷深切，水流湍急，河床平均比降为 2.67‰。上游目前建有贺龙、八斗溪 2 座枢纽。

桑植至石门为澧水中游，全长 232 km, 沿河峡谷与丘陵盆地相间，深潭与浅滩交错出现，两岸山峰海拔多在 500 m 左右，河床平均比降为 0.754‰。中游目前建有鱼潭、花岩、木龙滩、红壁岩、宜冲桥、茶庵、慈利、茶林河、三江口等 9 座枢纽。

石门至津市为澧水下游，全长 62 km, 河谷开阔，流经澧阳平原，海拔 35～50 m, 河床平均比降为 0.204‰。下游目前建有青山、艳洲 2 座枢纽。

澧水中上游为灰岩沉积地区，易形成喀斯特地貌，沿途峡谷幽深，石壁耸立。下游为第三纪红砂岩及第四纪冲击地区，易被剥蚀，形成低矮的丘陵、台地和冲积平原，地势开阔平坦。

(2) 枢纽概况

艳洲枢纽位于澧县县城西南角，是一座以发电为主，兼顾航运、公路交通和灌溉的综合利用工程，属澧水梯级开发最末一级电站。始建于 1976 年 10 月，船闸工程于 1994 年 7 月竣工，全部工程于 1998 年 6 月完工。2006 年左岸乔家河扩机工程完工。

艳洲枢纽由电站、船闸、大坝等组成，枢纽位于艳洲洲尾，下距澧县县城 5 km,

上距青山大坝 24 km,距三江电站 45 km。枢纽以上控制流域面积 15 515 km^2。

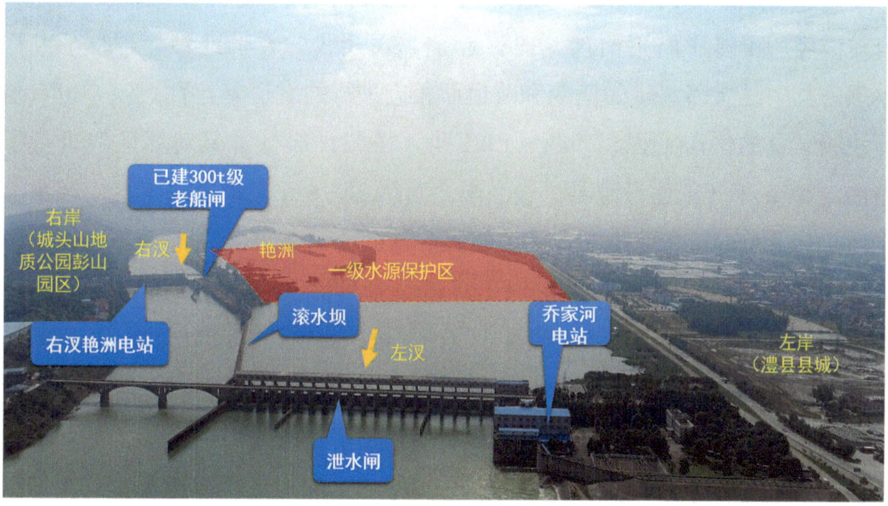

图 4-1 艳洲枢纽整体布置示意图

艳洲将澧水一分为二。右汊为小河,洲尾的小河段建有电站及 300 t 级船闸。右岸小河电站装机容量为 3 MW×9+2.5 MW×1=29.5 MW,船闸有效尺度为 130 m×12 m×2.5 m。

左汊为澧水主河,建有左岸电站、大坝,以折线方式布置并通过洲尾纵向滚水坝与艳洲洲尾衔接,使之与右岸电站、船闸连成枢纽整体。左岸乔家河电站装机容量为 10 MW×2=20 MW。大坝包括泄水闸和滚水坝,泄水闸共 20 孔,单孔净宽 10 m,总长 231.5 m,堰顶高程 31.21 m;滚水坝全长 335 m,堰顶高程 40.2 m。水库正常挡水位 40.2 m,死水位 39 m,调节库容为 1 224 万 m^3。

艳洲船闸为 300 t 级船舶,但因枯水时下游航道水深不够,而高水时跨上闸首人行桥的净空不够,现状通航船舶大部分为航道或海事部门工作船。

(3) 航道概况

澧水凉水口以下 324 km 属于通航河段,目前该通航河段沿线建有 9 座枢纽,现状航道等级低、通航设施简陋。仅贺龙、八斗溪、鱼潭、花岩、茶庵、慈利枢纽建有 30~50 t 级船闸或升船机,三江口枢纽未建通航建筑物,三江口以下青山、艳洲枢纽虽建设有 100 t 及 300 t 级船闸,但由于青山、艳洲通航水位不衔接,部分航段浅滩碍航、桥梁净空严重不足，导致三江口以下至艳洲航段基本断航。

津市以下至茅草街 95 km 为澧水洪道，亦属于澧资航线的一部分。历史上，澧资航线经历了多次航道治理。1984 年前，对全线的数十处滩险进行了大规模的治理，其中既有因水道的演变和改道而相应进行的航道基建性疏浚，也有筑坝与疏浚相结合的整治工程。1984—1991 年，按照Ⅳ级标准又对该航线进行了系统整治。2015 年开工建设澧县、安乡至茅草街 151 km 三级航道（其中澧水澧县至午口子 98 km，松虎航道安乡至茅草街 53 km），通航标准为Ⅲ级航道，航道尺度为 2.0 m×60 m×480 m，通航保证率 95%，目前已完工。

本工程研究范围位于石门至澧县 51 km 河段。目前，三江口—澧县航道现状维护等级为Ⅶ级，航道尺度为 1.0 m×30 m×200 m，最低通航水位保证率为 90%。

近年来，澧水下游河段受采砂、澧水运输需求特别是运输船舶大型化趋势影响，存在航道等级不适应发展需求和滞后的问题。加上近年澧水流域降水量减少和澧水沿线工农业及城市用水量的增加影响，致使枯水期时间延长、枯水期水位严重下降。目前澧水干流青山以下航道维护水深只有 1.0~1.6 m 左右，枯水期碍航问题十分突出。

4.2　试验船型和船模尺度

澧水石门至澧县 51 km 河段拟按内河Ⅲ（3）级航道、通航 1 000 t 级船舶的尺度进行整治。航道尺度为：2.0 m×60 m×480 m（水深×航宽×弯曲半径，下同）。设计代表船型为 1 000 t 级货船，同时兼顾 500 t 级及 2 000 t 级货船。船模试验选取设计代表船型，即 1 000 t 级货船为主要试验对象，其船舶尺度见表 4-1。

船模设计时其比尺须与相应的河工模型比尺相同，因此确定船舶模型几何比尺为 100，可求得各主要比尺，见表 4-2，代表船型船模的主要尺度参数见表 4-3。

表 4-1　船型尺度表

船型	总长（m）	型宽（m）	吃水（m）	备注
1 000 t 级货船	85	10.8	2.0	设计代表船型

表 4-2　船模比尺表

名称	几何比尺	吃水比尺	排水量比尺	速度比尺	时间比尺
符号	λL	λT	$\lambda \nabla$	λv	λt
数值	100	100	1 000 000	10	10

表 4-3　实船与船模船型及主要尺度表

船型	代表船型及尺度			
^	类别	长度（m）	宽度（m）	设计吃水（m）
1 000 t 级货船	实船	85.00	10.800	2.00
^	船模	0.85	0.108	0.02

4.3　试验控制条件

本项目主要研究船闸改建工程通航水流条件，结合枢纽不同调度方式，物理模型共选取 11 级典型流量，涵盖船闸最小通航流量 $Q=98 \text{ m}^3/\text{s}$，至最大通航流量 $Q=8\ 910 \text{ m}^3/\text{s}$ 间 7 级典型流量，以及洪水频率 20%～5% 的 4 级特征洪水流量，具体试验工况见表 4-4。

表 4-4　物理模型试验工况

试验工况	流量（m³/s）	枢纽调度方式	控制水位		流量特征
^	^	^	坝上水位（m）	尾门水位（m）	^
1	98	右岸电站发电，左岸电站及泄水闸关闭	40.2	28.25	航运基流
2	477	^	40.2	29.50	还建电站满发流量
3	873	电站满发，泄水闸关闭	40.2	30.51	电站满发流量
4	3 800	电站停机，泄水闸控泄	40.2	35.21	停机流量
5	5 060	^	40.2	36.57	原 10 孔闸坝全开
6	7 750	^	40.2	39.54	原 20 孔闸坝全开
7	8 910	泄水闸敞泄	—	40.27	近期最大通航流量
8	12 100	^	^	42.02	5 年一遇洪水（$p=20\%$）
9	14 200	^	^	43.10	10 年一遇洪水（$p=10\%$）
10	16 300	^	^	44.20	20 年一遇洪水（$p=5\%$）
11	19 100	^	^	45.64	设计洪水，50 年一遇洪水（$p=2\%$）

4.4 碍航特性

通过对现有资料分析，结合现状条件下水流特性试验成果，研究河段碍航特性主要表现为：

(1) 闸坝碍航

艳洲枢纽现有 300 t 级船闸位于艳洲右汊，于 1997 年建成通航。船闸等级较低，船闸尺度较小，不适应航运快速发展、船舶大型化的实际需求。

(2) 滩险碍航

艳洲枢纽下游揭家滩枯水期水浅流急，设计最小通航流量下，澧水大桥下游最小水深不足 1 m，航宽不足，船舶无法通航。

(3) 跨河建筑物碍航

枢纽上游艳洲小河桥位于艳洲右汊，净宽 48.5 m，艳洲枢纽泄水闸右侧艳洲电站大桥净宽 40 m，2 年一遇洪水位通航净高 3 m，均不满足内河通航标准要求。

4.5 设计方案

4.5.1 方案布置

艳洲枢纽船闸改造及坝下航道整治工程主要包括艳洲枢纽闸坝改造、枢纽下游航道疏浚、坝下河床行洪补偿疏挖及跨河建筑物改造等内容，具体如下。

(1) 闸坝改造

拆除原 300 t 级船闸及右岸电站，电站拆除高程至 34 m，在原泄水闸右侧从左至右新建 5 孔泄水闸、电站及船闸。泄水闸单孔净宽 16 m，总长 108.5 m，堰型为"WES"开敞式溢流堰，堰顶高程 30.2 m；电站安装 3 台单机容量 11 MW 灯泡贯流式机组，总装机容量 33 MW；船闸等级为 Ⅱ 级，有效尺度 280 m×

34 m×4.5 m（长度×门槛×水深）。

（2）航道疏浚

船闸下游引航道疏浚底高程23.57 m，下游航道疏浚底高程25.73 m，疏浚范围约2.59 km，疏浚量约144.9万 m³。

（3）河床疏挖

揭家滩及左右汊进行行洪断面补偿疏挖，开挖面积约198万 m²，疏挖量约923.5万 m³。枢纽近坝段（坝下约990 m）河床疏挖底高程为28 m，下游河床疏挖底高程为25.73 m。

（4）跨河建筑物改造

拆除艳洲小河桥，对艳洲电站桥跨船闸部分、艳洲澧水大桥跨引航道部分进行拆除并改造，使其满足通航净空需求。

考虑到船闸所在的右岸临岸地形及地质条件十分复杂，方案设计中以"左泄水闸＋右电站"方案作为枢纽平面布置的固定布置，对船闸做不同布置方案，作为枢纽平面布置方案拟定的基础，分别形成设计方案一及设计方案二。设计方案二船闸主体结构较方案一顺水流向下移222.22 m，船闸轴线较方案一垂直水流方向左移2.5 m，其他布置同设计方案一一致。

设计方案一平面布置见图4-2。

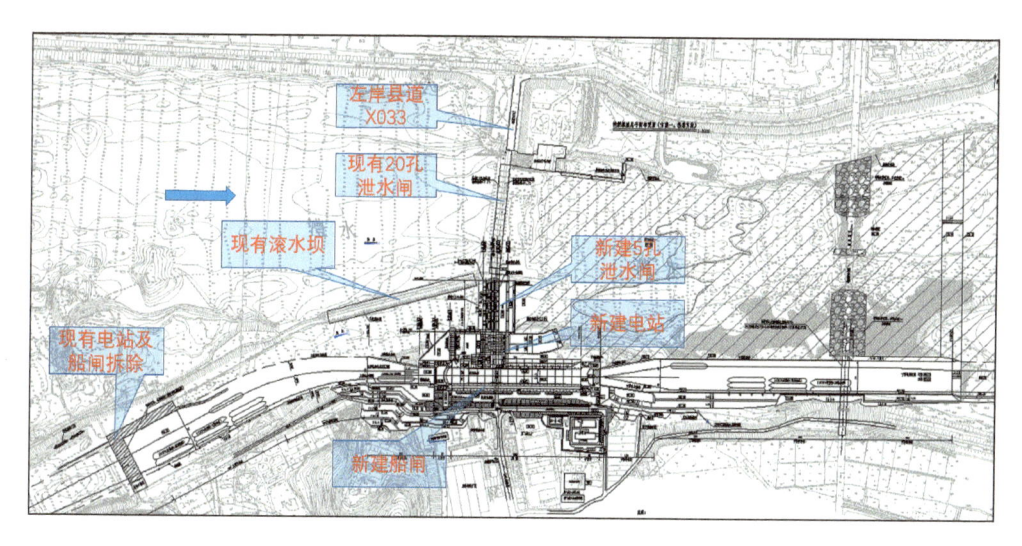

图4-2 设计方案一枢纽平面布置

4.5.2 通航水流条件

（1）口门区及连接段

根据《船闸总体设计规范》（JTJ305—2001）要求，口门区长度为 2.0～2.5 倍船队长，设计代表船型为 1 000 t 级货船，船舶尺度为 85 m×10.8 m×2 m（长×宽×设计吃水），口门区长度计算值为 170～212.5 m，模型试验研究取口门区长度为 200 m，即原导航墙堤头上、下游 200 m 范围内。口门区与上下游航道衔接部分为连接段，连接段长度取 400 m。

船闸上、下游引航道口门区及连接段布置见图 4-3、图 4-4。

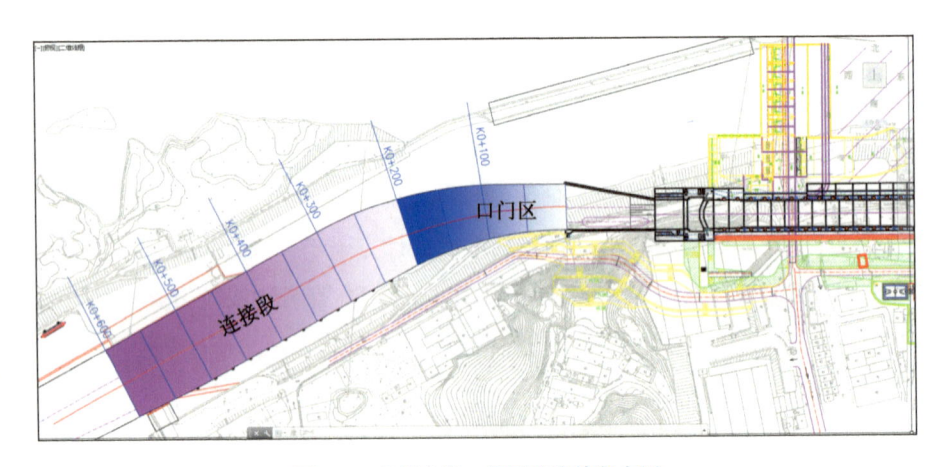

图 4-3　船闸上游口门区及连接段布置

（2）试验工况

根据艳洲枢纽电站发电及泄水闸调度原则，右岸新建电站优先发电，待 3 台机组全部满发后，左岸电站开始发电，当 $Q>3\,800\ m^3/s$ 时，左、右岸电站均停机。来流超过电站满发流量后，优先开启左侧老泄水闸泄流，左侧 20 孔泄水闸全部开启后，泄流能力不足时（$Q>7\,750\ m^3/s$）再开启右侧新建 5 孔泄水闸。在 $Q<7\,750\ m^3/s$ 时，艳洲右汊基本为静水或缓流区，船闸上游航道通航水流条件较优。随着流量的增大，右侧新建 5 孔泄水闸开始泄流，受泄水闸泄流影响，船闸上游引航道口门区及连接段通航水流与航线夹角较大，对船舶通航不利。

枢纽坝下河段受河势影响，枯水流量时，在右侧桥墩防护区调流作用下，枢

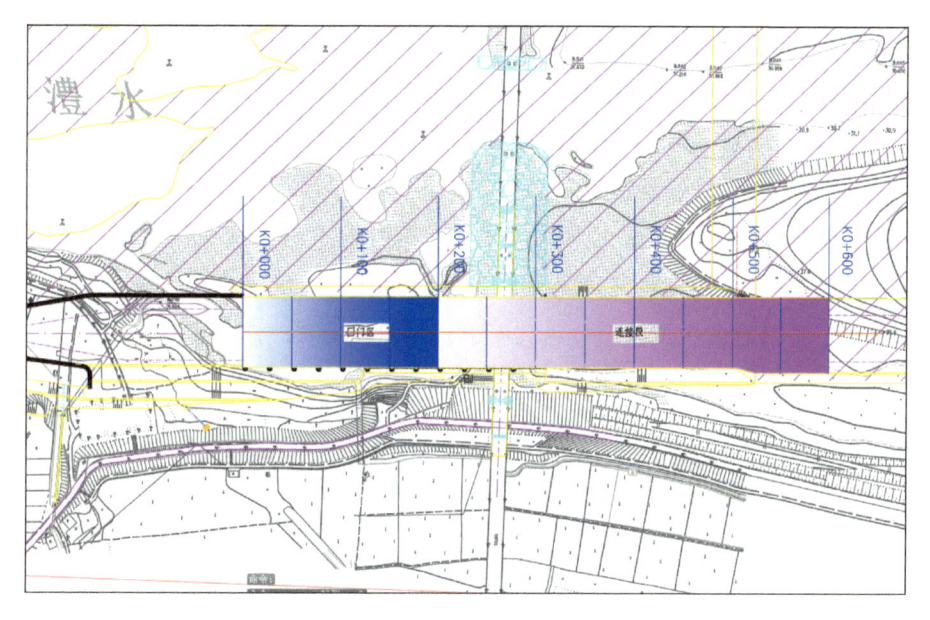

第4章 船闸改扩建工程通航研究应用

图 4-4 船闸下游口门区及连接段布置

纽下泄流量一部分沿澧水大桥中间桥孔而下，另一部分过船闸下游导墙后右转进入引航道口门区，对口门区及连接段通航水流条件造成不利影响。中洪水流量下，主流沿河道中部下行，船闸下游引航道口门区及连接段基本为缓流或回流区，对通航水流条件影响不大。

综合上述分析，对于枢纽上游河段，模型试验选取最大通航流量 $Q=8\ 910\ \text{m}^3/\text{s}$ 作为最不利工况，研究船闸上游引航道口门区及连接段通航水流条件；对于枢纽下游河段，分别选取左、右岸机组满发流量 $Q=873\ \text{m}^3/\text{s}$、最大通航流量 $Q=8\ 910\ \text{m}^3/\text{s}$ 作为最不利工况，研究船闸下游引航道口门区及连接段通航水流条件。

(3) 船闸上游通航水流条件

最大通航流量 $Q=8\ 910\ \text{m}^3/\text{s}$ 时，泄水闸原20孔及新建5孔全部开启泄流。右汊主流斜穿引航道口门区，从而导致口门区横向流速较大。

口门区（K0+000 m~K0+200 m）水流与航线夹角一般在 $13°\sim28°$，斜流强度呈左大右小的分布趋势，航道中线左侧最大横向流速 0.68 m/s，最大纵向流速 1.76 m/s；航道中线右侧最大横向流速 0.5 m/s，最大纵向流速 1.69 m/s。

67

连接段水流与航线夹角较小，一般在 10°以内，除 K0+200 m～K0+250 m 航道右边线处个别测点最大横向流速 0.36 m/s 外，其余测点横向流速在 0.3 m/s 以内；K0+200 m～K0+450 m 最大纵向流速 1.9 m/s，K0+450 m～K0+600 m 纵向流速较大，最大纵向流速 2.46 m/s。

上述试验结果表明，最大通航流量下，船闸上游引航道口门区斜流强度较大，对船舶安全航行不利，连接段通航水流条件相对较优。

船闸上游引航道口门区及连接段瞬时流态见图 4-5，横向流速及纵向流速分布见图 4-6、图 4-7。

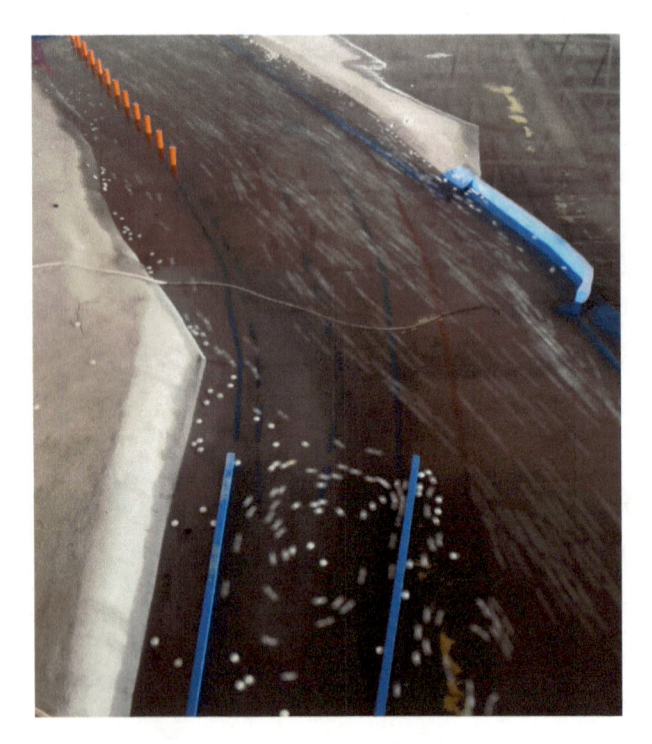

图 4-5 引航道口门区及连接段瞬时流态

(4) 船闸下游通航水流条件

① $Q=873 \text{ m}^3/\text{s}$

两岸电站全部满发工况下，澧水大桥桥墩防护区出露，枢纽下泄水流至桥区后，一部分沿澧水大桥中间桥孔而下，另一部分过船闸导墙堤头后右偏进入引航

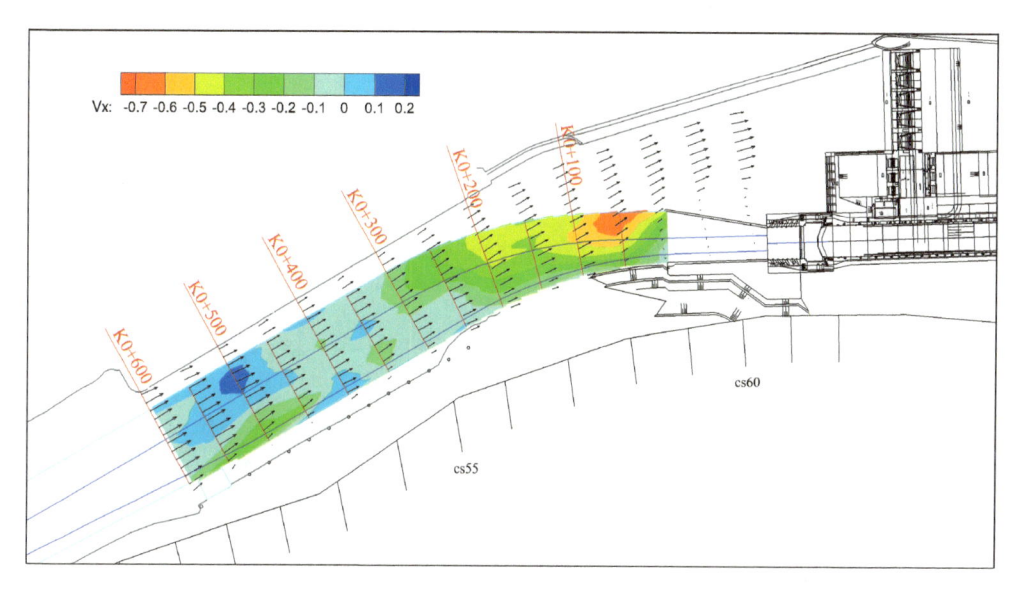

图 4-6　引航道口门区及连接段横向流速分布

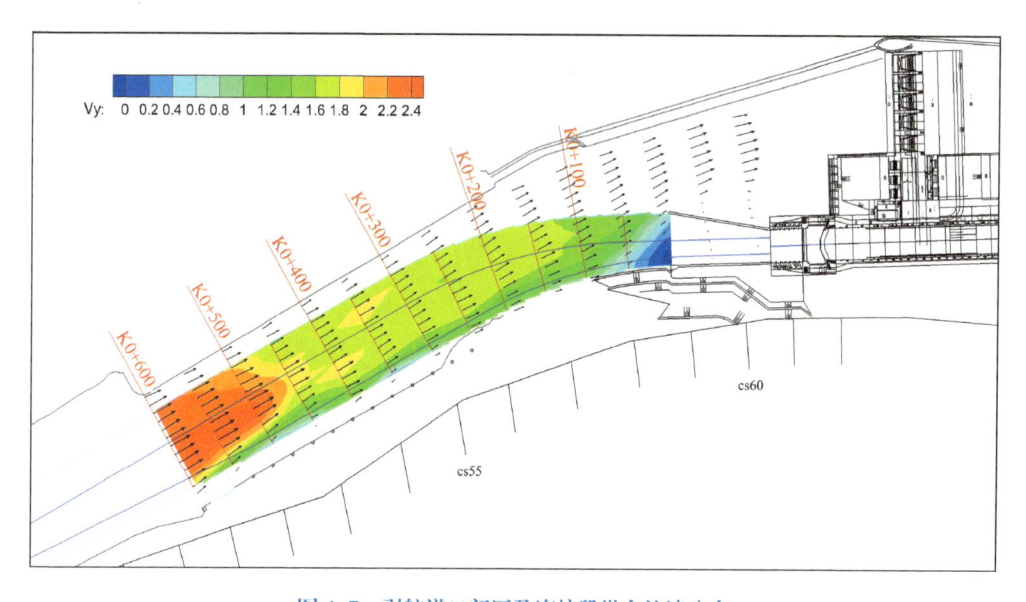

图 4-7　引航道口门区及连接段纵向流速分布

道口门区,导致口门区横向流速较大。

口门区 K0+100 m~K0+200 m 范围内航道中线左侧横向流速超过 0.3 m/s,最大横向流速 0.52 m/s,主要位于航道左边线局部区域。航道中线右侧横向流速一般在 0.3 m/s 以内。口门区最大纵向流速 1.34 m/s。

连接段 K0+200 m~K0+280 m 范围内航道中线左侧最大横向流速 0.58 m/s,航道中线右侧个别测点最大横向流速 0.38 m/s,其余航段横向流速不超过 0.3 m/s。连接段最大纵向流速 1.26 m/s。

船闸下游引航道口门区及连接段瞬时流态见图 4-8,横向流速及纵向流速分布见图 4-9、图 4-10。

图 4-8 引航道口门区及连接段瞬时流态 ($Q=873$ m³/s)

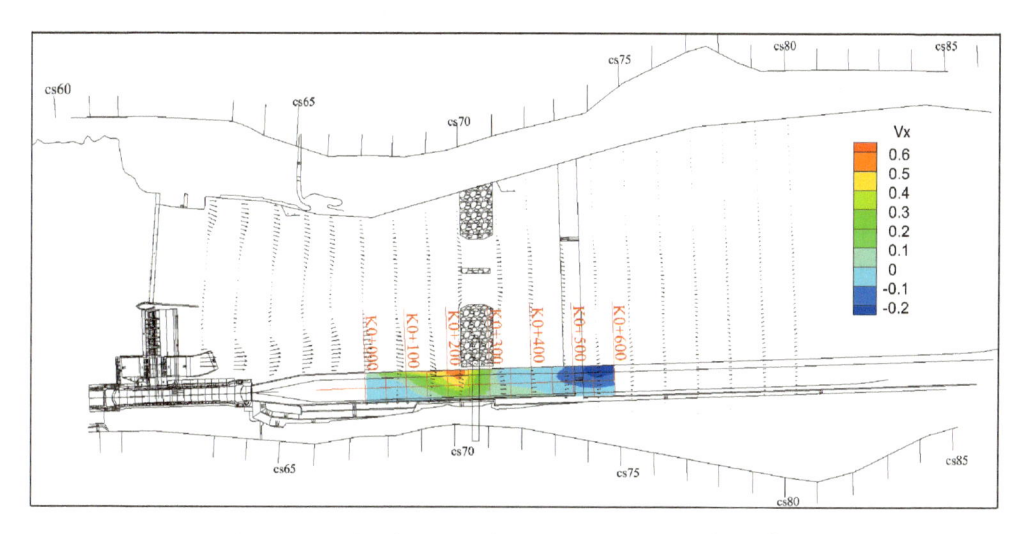

图 4-9　引航道口门区及连接段横向流速分布（$Q=873\ \text{m}^3/\text{s}$）

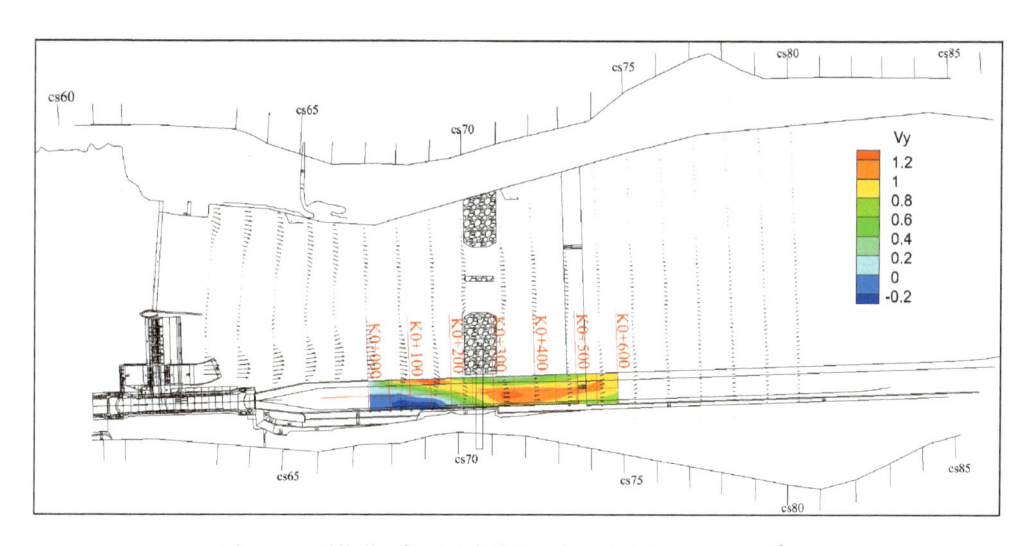

图 4-10　引航道口门区及连接段纵向流速分布（$Q=873\ \text{m}^3/\text{s}$）

② $Q=8\ 910\ \text{m}^3/\text{s}$

最大通航流量下，两岸电站停机，泄水闸原 20 孔及新建 5 孔全部开启泄流，枢纽下泄水流沿河道中部而下，船闸引航道口门区及连接段为缓流或回流区，流速较小。口门区最大横向流速 0.28 m/s，口门区最大纵向流速 0.88 m/s。连接段 K0+230 m 航道左边线处个别测点最大横向流速 0.31 m/s，其余区域横向流速在 0.3 m/s 以内，连接段最大纵向流速 0.96 m/s。

船闸下游引航道口门区及连接段横向流速、纵向流速分布见图 4-11、图 4-12。

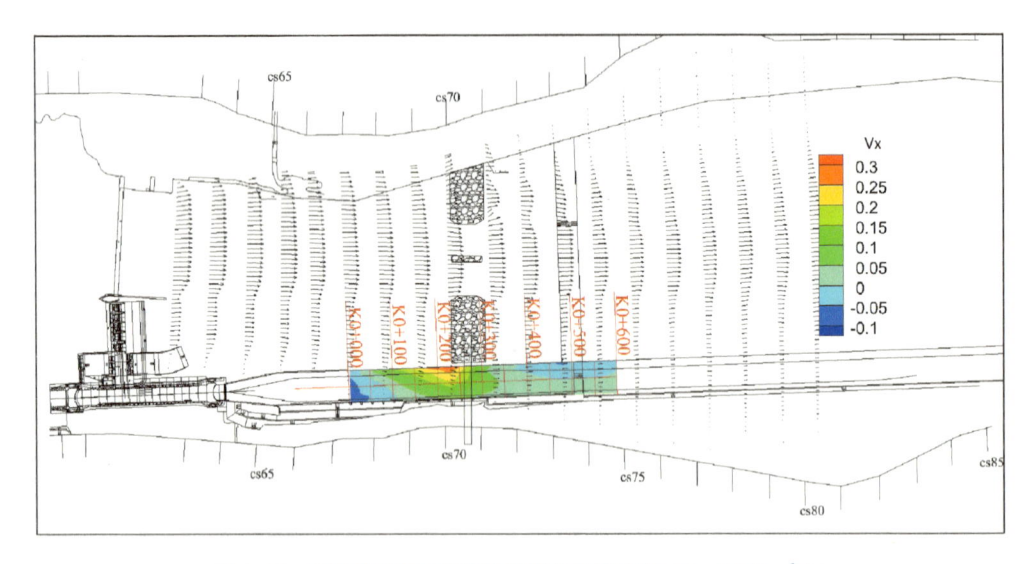

图 4-11　引航道口门区及连接段横向流速分布（$Q=8\,910\ \mathrm{m^3/s}$）

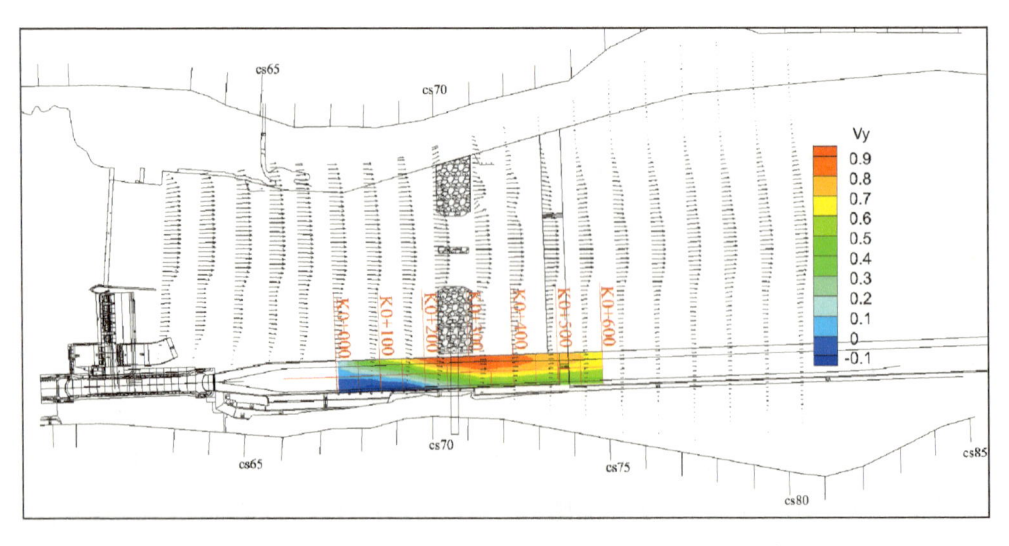

图 4-12　引航道口门区及连接段纵向流速分布（$Q=8\,910\ \mathrm{m^3/s}$）

(5) 右汊进口段通航水流条件

艳洲洲头右汊进口段洪水流量下水流较急，且水流方向与航线夹角较大，通航水流条件较差。尤其是在电站停机、右侧新建泄水闸不泄流时，艳洲右汊过流量较小，上游大部分来流斜穿右汊河道进口段流入左汊，航道内斜流强度较大。$Q=7\,750\text{ m}^3/\text{s}$ 时，航道内最大横向流速达 1.6 m/s，流速分布见图 4-13。

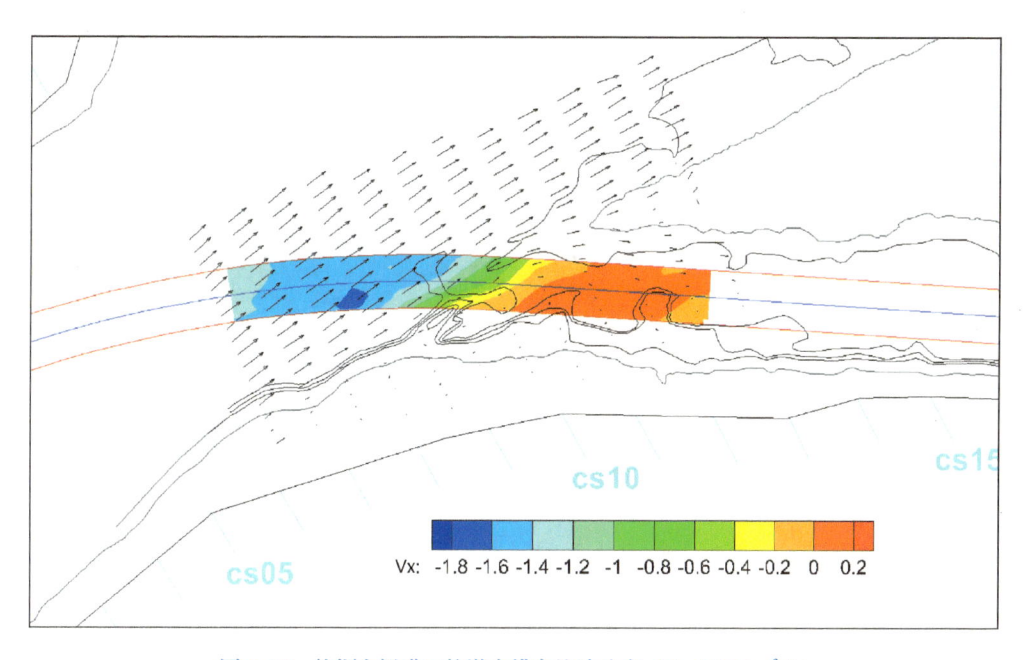

图 4-13 艳洲右汊进口航道内横向流速分布（$Q=7\,750\text{ m}^3/\text{s}$）

4.5.3 船模航行条件

(1) 船闸上游航道航行条件

船闸最大通航流量 $Q=8\,910\text{ m}^3/\text{s}$ 时，船模以 2.5 m/s 航速从靠船墩下行进闸时，船模最大操 $-21.47°$ 舵角驶离停泊段。进入连接段航道弯道段时，船模最大操 29.71° 舵角向右调整航向，转向时船模航行漂角最大为 $-8.84°$。船模进入口门区段航道后，船艉受航道内横流作用向左漂移，漂角最大时为 $-16.56°$，航行时船模最大操 33.22° 舵角抵御横流作用，船模进入引航道难度较大。试验时船模易碰主导航墙，存在航行安全风险，船模下行航态见图 4-14。

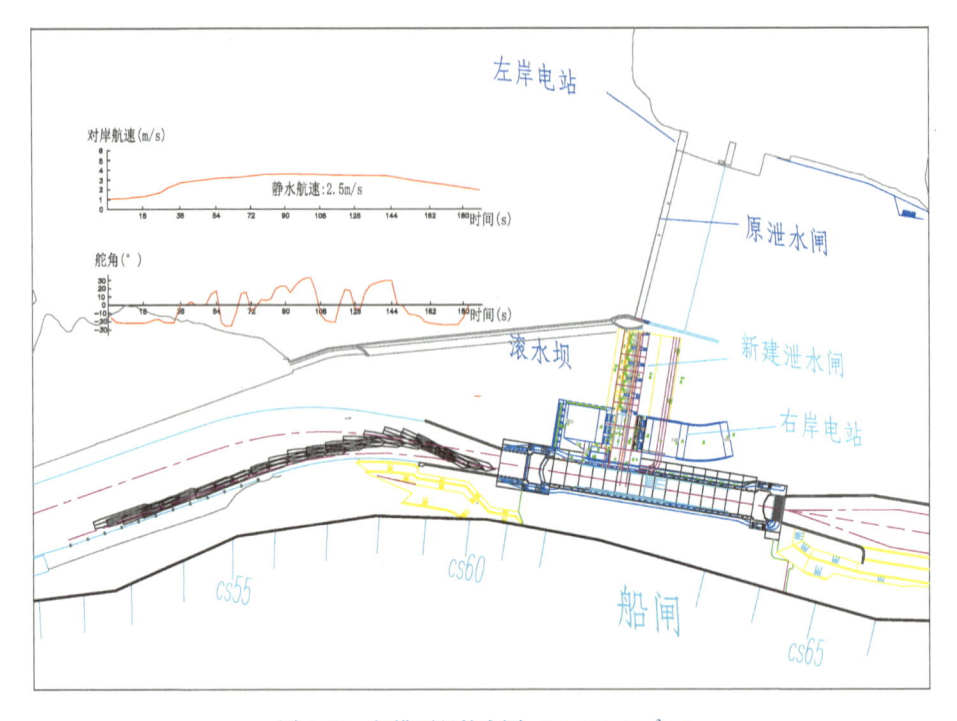

图 4-14　船模下行航态图（$Q=8\,910\ \text{m}^3/\text{s}$）

船模以 4.0 m/s 航速上行进入口门区段航道时，最大操 $-25.23°$ 舵角向左转向，此时船艉受航道内横流作用右漂，漂角最大时为 16.00°。完成转向后船模最大操 19.82° 舵角调整航态，通过连接段航道时航行漂角最大为 10.23°。通过连接段航道后，船模上行较顺畅，船模上行航态见图 4-15。

设计方案一船闸上游航道航行试验结果表明，最大通航流量 $Q=8\,910\ \text{m}^3/\text{s}$ 时，船舶进入船闸时易发生碰壁风险，主要原因包含两点，一是船闸上游连接段弯道距引航道较近，船舶进出口门区及连接段航道时需操较大舵角调整航向，此时会造成漂角增大；二是船闸上游口门区段航道内横向流速较大，船舶进闸经过口门区时船艉向左漂移。船舶进入引航道后调整航态难度较大，存在较大安全风险。

（2）船闸下游航道航行条件

① $Q=873\ \text{m}^3/\text{s}$

船模以 2.5 m/s 航速下行出闸时，通过引航道时所需舵角最大为 $-13.64°$，航行漂角最大为 5.79°。船模进入口门区段航道时，受航道内横流作用，船模向

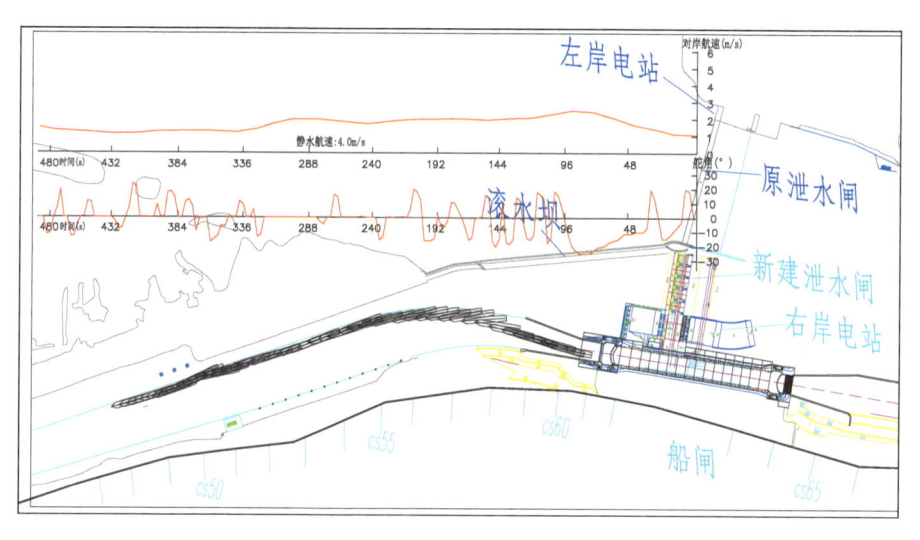

图 4-15　船模上行航态图（$Q=8\,910\ \mathrm{m^3/s}$）

右漂移，漂角最大为 19.57°，船模通过该段航道时最大需操-34.47°舵角抵御横流作用。进入连接段航道后，船模最大操 24.44°舵角调整航态，航行漂角最大时为 17.47°，通过连接段航道后，船模航行顺利，航行时漂角最大为-9.81°，航行所需舵角最大为-21.12°，船模下行航态见图 4-16。

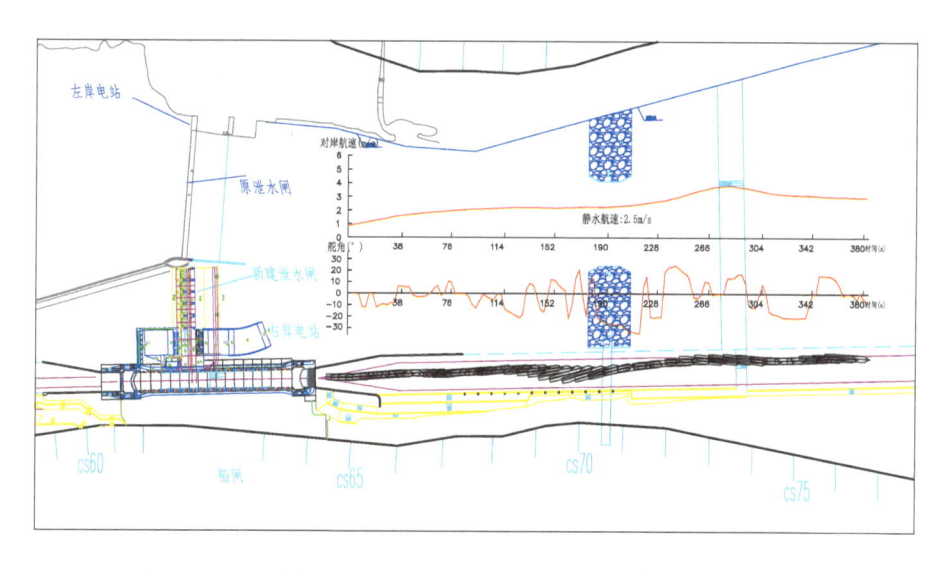

图 4-16　船模下行航态图（$Q=873\ \mathrm{m^3/s}$）

船模以 3.0 m/s 航速上行通过船闸下游航道时航态较好，航行时调整航态所需舵角最大为 17.66°，航行漂角最大为 7.36°。船模进入连接段航道后航行较顺利，行至距口门约 250 m 处时，在航道内横流作用下，船艉向左漂移，漂角最大时为 −13.85°，此时船模最大操 18.96°舵角抵御横流影响。船模进入口门区段航道后，仍需操 28.02°舵角抵御横流影响，通过横流区后，船模最大操 −20.74°舵角调整航态，船模通过口门区段航道时航行漂角最大为 −15.97°，船模上行航态见图 4-17。

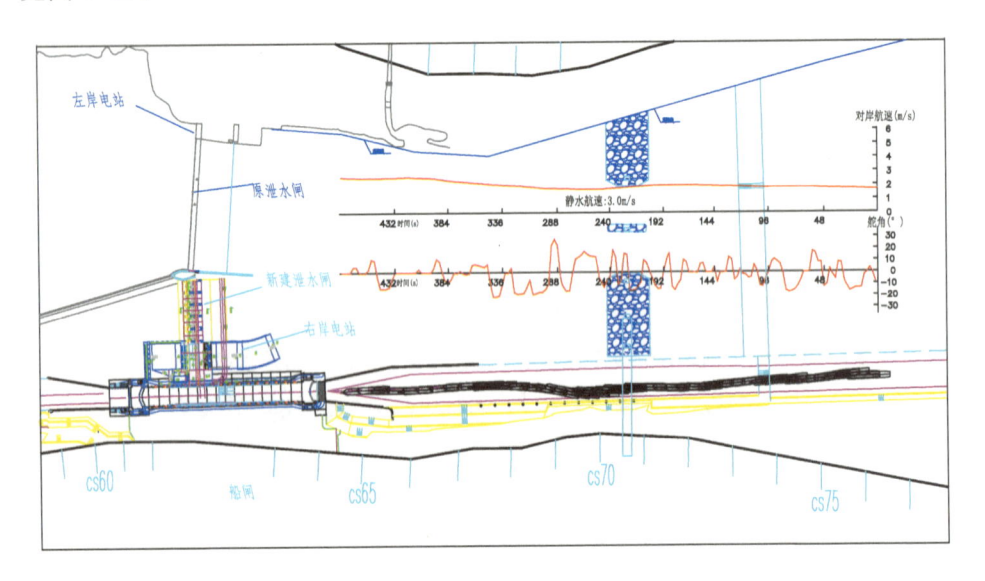

图 4-17　船模上行航态图（$Q=873 \text{ m}^3/\text{s}$）

② $Q=8\,910 \text{ m}^3/\text{s}$

当流量 $Q=8\,910 \text{ m}^3/\text{s}$，船模以 2.5 m/s 航速下行出闸时，经过口门区段航道时抵御横流所需舵角最大为 −20.82°，航行时漂角最大为 10.01°。进入连接段航道时，船模最大操 19.25°舵角调整航态，通过该段航道时航行漂角最大为 7.05°。船模通过下游航道调整航态所需舵角最大为 −15.92°，航行漂角最大为 4.46°，船模下行航态见图 4-18。

船模以 3.0 m/s 航速上行通过船闸下游航道时航态较好，航行时调整航态所需舵角最大为 14.46°，航行漂角最大为 −7.98°。船模进入连接段航道时，航行

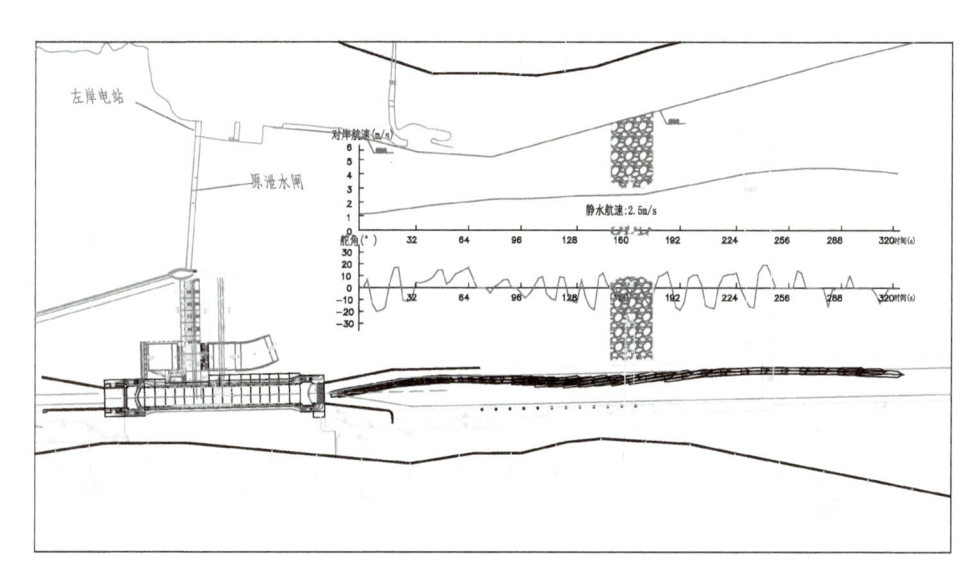

图 4-18　船模下行航态图 ($Q=8\,910\text{ m}^3/\text{s}$)

漂角最大为 $-9.41°$，调整航态所需舵角最大为 $13.07°$。通过口门区段航道时船模航行所需舵角最大为 $18.92°$，航行时漂角最大为 $6.32°$，船模上行航态见图 4-19。

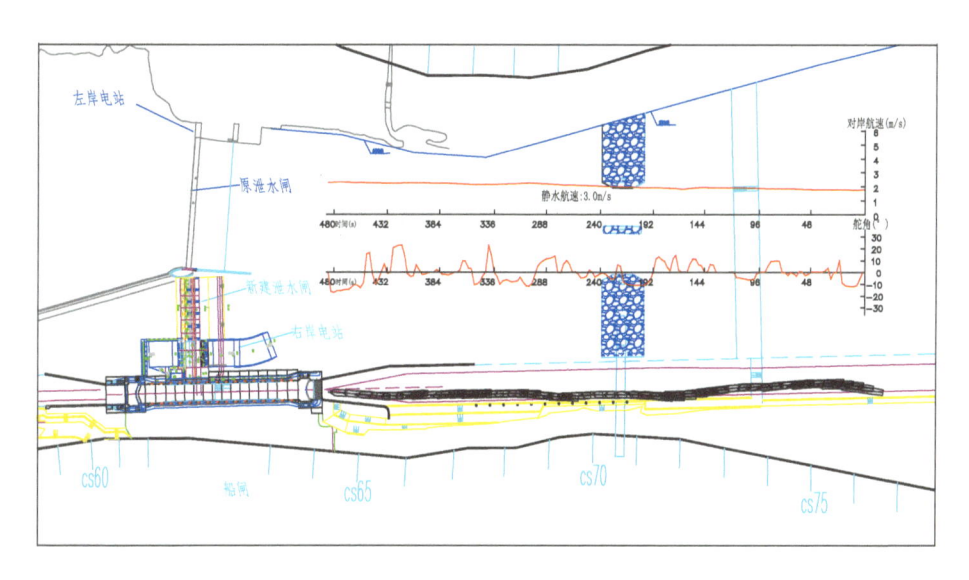

图 4-19　船模上行航态图 ($Q=8\,910\text{ m}^3/\text{s}$)

设计方案一船闸下游航道船模航行试验结果显示，电站满发流量 $Q=873\ \mathrm{m^3/s}$ 时，船闸下游距口门约 100～250 m 航段内横流较大，船舶航经该段航道内航行漂角及舵角较大。当流量增大时，横流随之减小。最大通航流量 $Q=8\ 910\ \mathrm{m^3/s}$ 时，航行参数基本满足船舶安全航行要求。

(3) 右汊进口段船模航行条件

最大通航流量下，船模以 2.5 m/s 航速下行，由于航道内横流较大，船模航行时航态较差。行至艳洲洲头处时，船模最大操 23.25°向右调整航向，调整航向时船模航行漂角最大达－22.25°。进入右汊航道后，船模最大需操－21.45°舵角调整航态，船模下行航态见图 4-20。

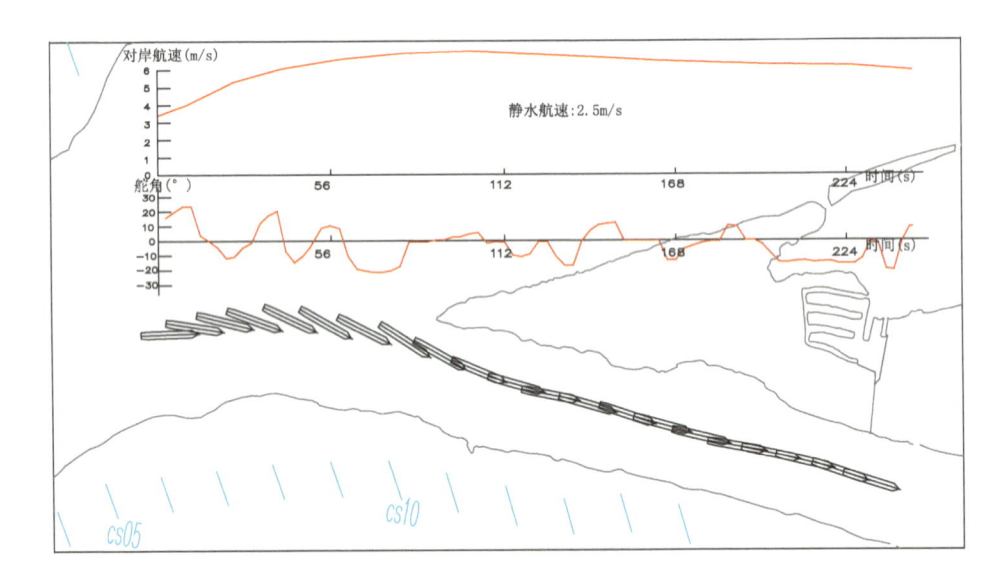

图 4-20　右汊进口段船模下行航态图

船模以 4.5 m/s 航速上行经过艳洲洲头处时，对岸航速最小约为 1.39 m/s。船模航行时最大操－12.05°舵角顶流航行，航行时，船艉受横流作用漂角最大为 20.05°，船模上行航态见图 4-21。

船模航行试验结果表明，设计方案一时，艳洲洲头右汊进口段斜流强度较大，船舶上、下行经过该段航道时航态较差，航行漂角较大，有触碰滩头风险。

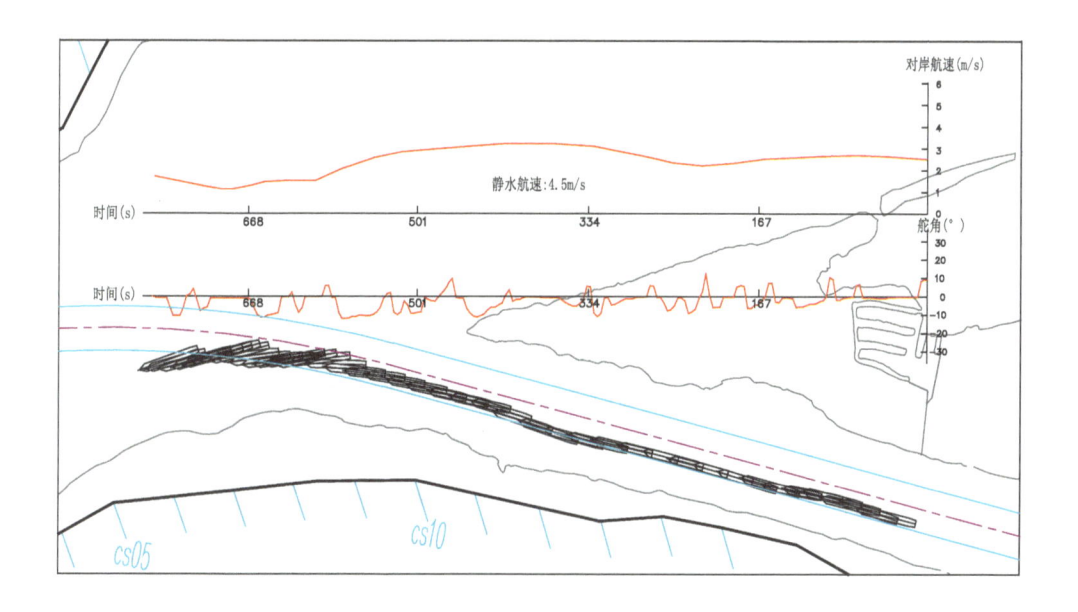

图 4-21　右汊进口段船模上行航态图

4.5.4　结论

针对设计方案一，物理模型开展了船闸上、下游引航道口门区及连接段通航水流条件、船模航行试验等方面研究。研究结果表明：

（1）最大通航流量下，船闸上游引航道口门区及连接段受泄水闸泄流影响，水流与航线夹角偏大，口门区斜流强度较大，最大横向流速超出规范要求。船模下行进入口门区航行漂角及舵角较大，船模航态较差；

（2）上游停泊段流速较大，不利于船舶系缆及安全靠离泊；

（3）两岸电站全部满发流量下，船闸下游引航道口门区及连接段横向流速较大，船模航行时漂角及舵角较大，船模航态较差；

（4）右汊进口段航道内斜流强度较大，船模航经此段时航态较差。

因此，需针对设计方案一船闸上、下游引航道口门区及连接段及艳洲右汊进口段通航水流条件存在的问题开展相应优化方案试验研究。

4.6 优化试验研究

针对设计方案一存在的问题，物理模型分别就艳洲右汊进口段，船闸上、下游引航道口门区及连接段通航水流条件开展相关优化方案试验研究。

4.6.1 船闸下游引航道优化方案试验研究

（1）方案布置

对于下游引航道口门区，模型试验采取延长下游辅导航墙的措施，一方面避免桥墩防护区挑流对口门区通航水流条件的影响，另一方面可以减小枯水流量下电站尾水位的降落。方案布置见图4-22，相应的口门区及连接段布置见图4-23。

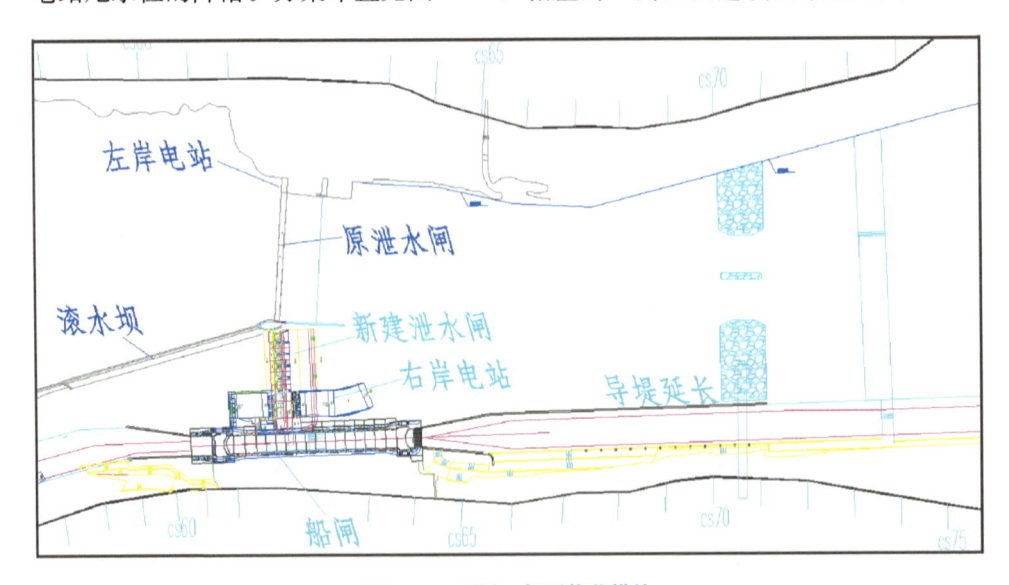

图4-22 下游口门区优化措施

（2）通航水流条件

优化方案船闸下游导墙延长至澧水大桥桥墩防护区后，引航道口门区及连接段为缓流区，流速较小，各流量下口门区及连接段最大横向流速、纵向流速见表4-5。各流量下口门区及连接段最大横向流速均在0.3 m/s以内，最大纵向流速在2 m/s以内，满足规范要求，通航水流条件较优。

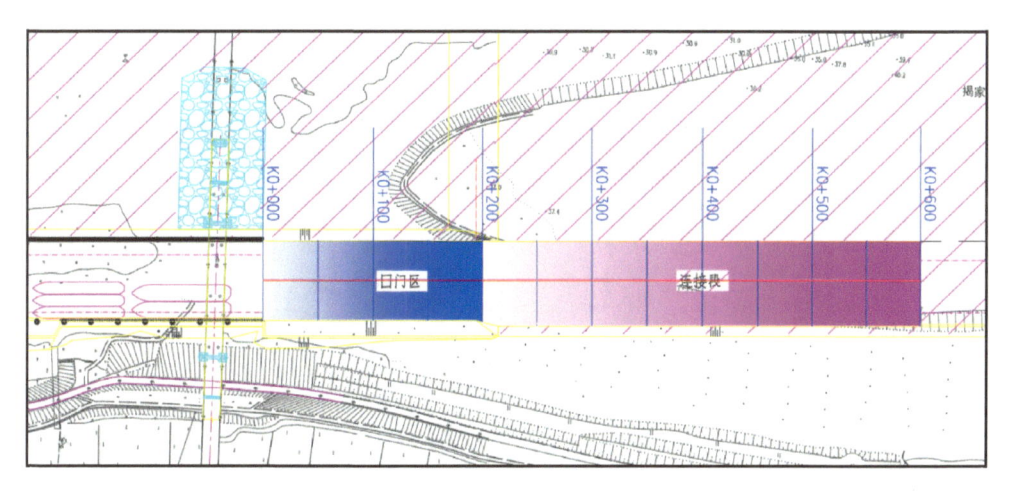

图 4-23　下游引航道口门区及连接段示意图

表 4-5　优化方案船闸下游口门区及连接段流速极值

流量（m³/s）	873	3 800	5 060	7 750	8 910
$V_{x\max}$（m/s）	0.03	0.24	0.11	0.15	0.1
$V_{y\max}$（m/s）	0.19	0.54	0.56	1.12	0.58

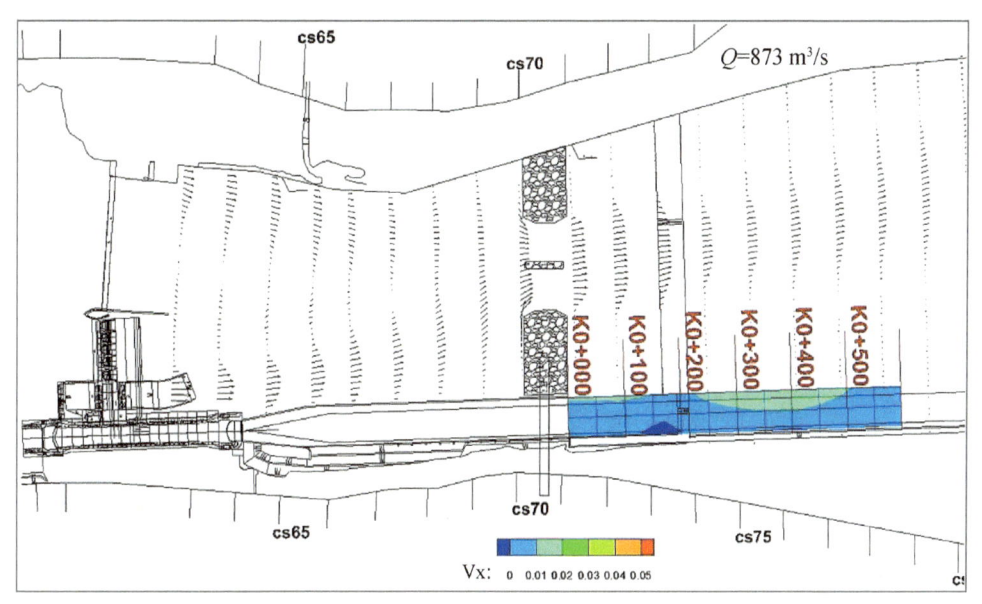

各流量下船闸下游引航道口门区及连接段横向流速及纵向流速分布见图 4-24。

81

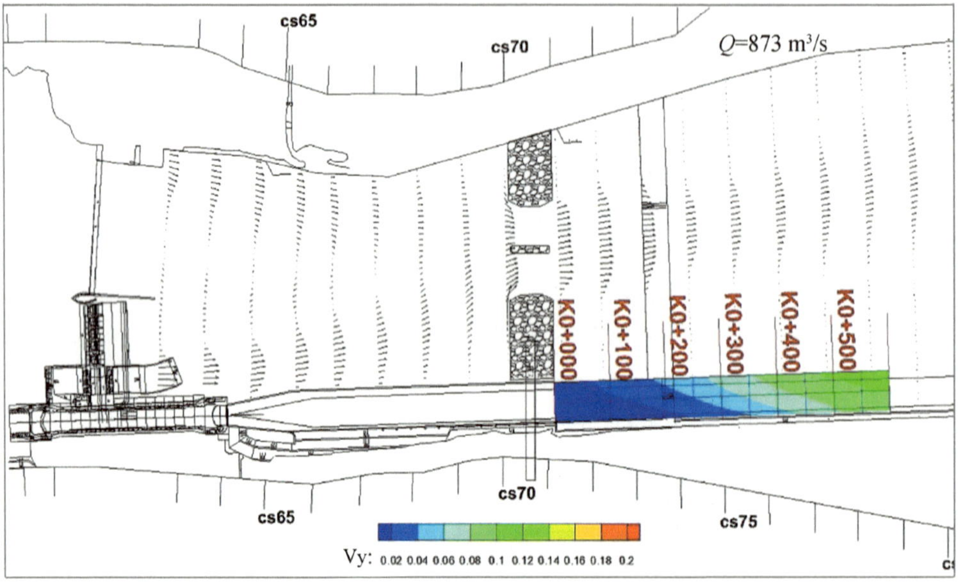
cs65
cs70
Q=873 m³/s
K0+000
K0+100
K0+200
K0+300
K0+400
K0+500
cs70
cs65
cs75
Vy: 0.02 0.04 0.06 0.08 0.1 0.12 0.14 0.16 0.18 0.2

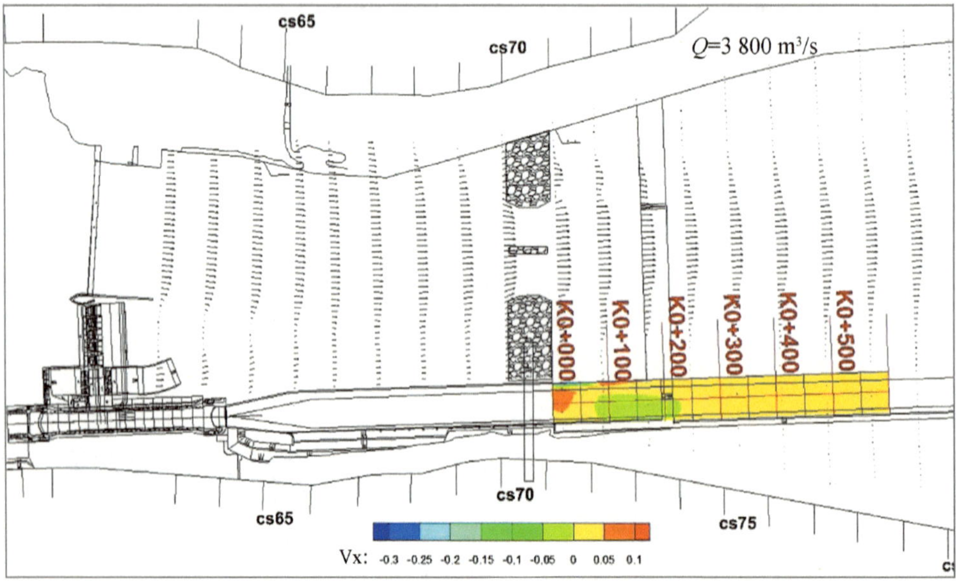
cs65
cs70
Q=3 800 m³/s
K0+000
K0+100
K0+200
K0+300
K0+400
K0+500
cs70
cs65
cs75
Vx: -0.3 -0.25 -0.2 -0.15 -0.1 -0.05 0 0.05 0.1

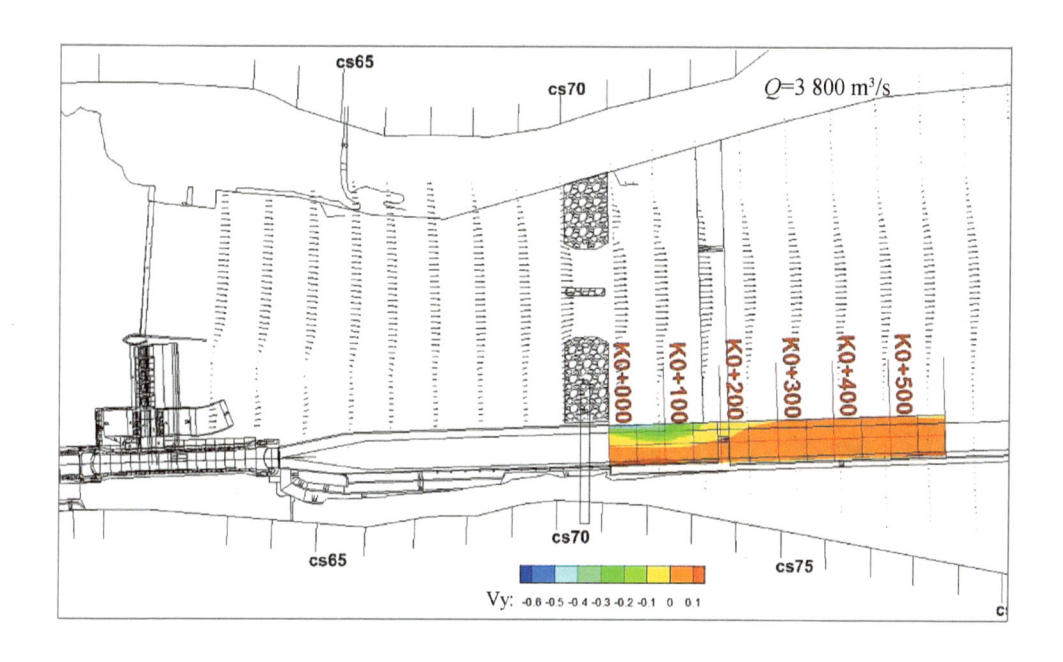

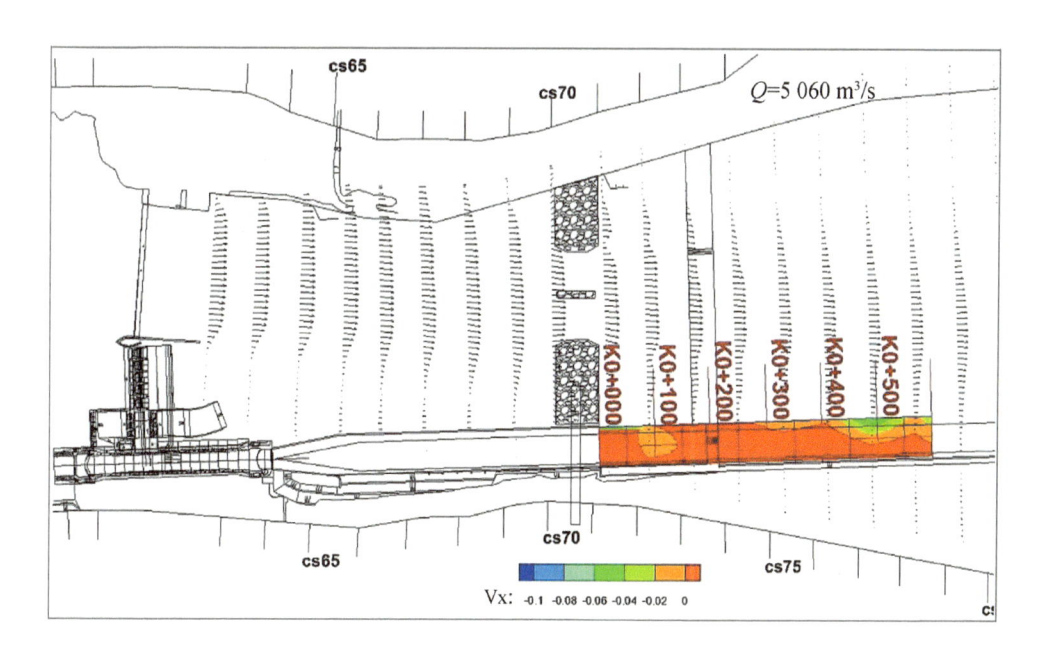

第4章 船闸改扩建工程通航研究应用

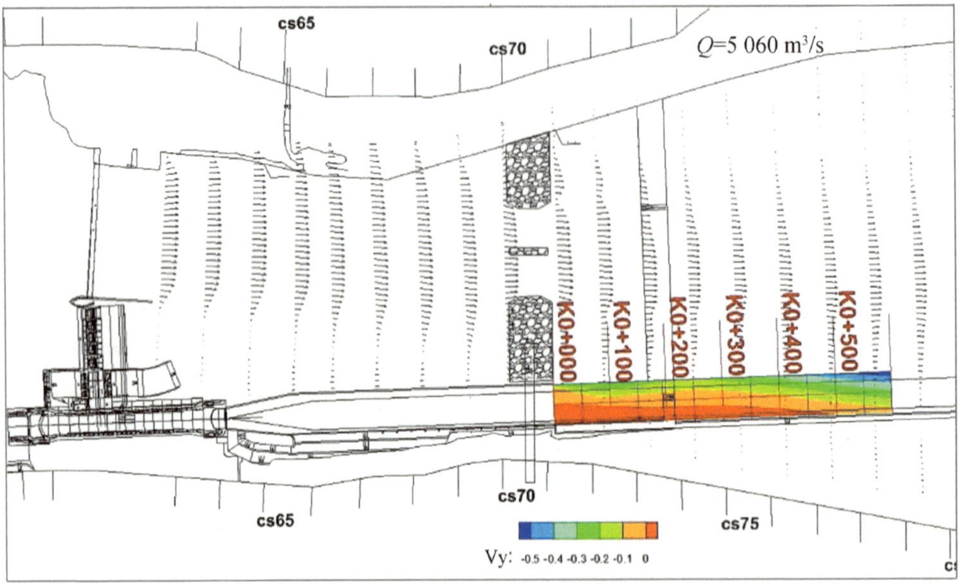
cs65
cs70
Q=5 060 m³/s
K0+000
K0+100
K0+200
K0+300
K0+400
K0+500
cs65
cs70
cs75
Vy: -0.5 -0.4 -0.3 -0.2 -0.1 0

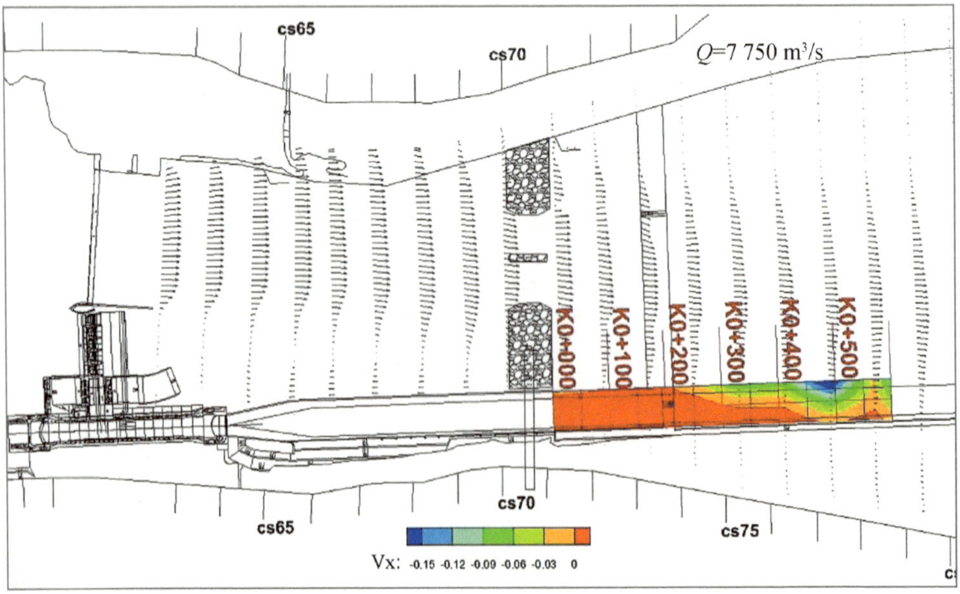
cs65
cs70
Q=7 750 m³/s
K0+000
K0+100
K0+200
K0+300
K0+400
K0+500
cs65
cs70
cs75
Vx: -0.15 -0.12 -0.09 -0.06 -0.03 0

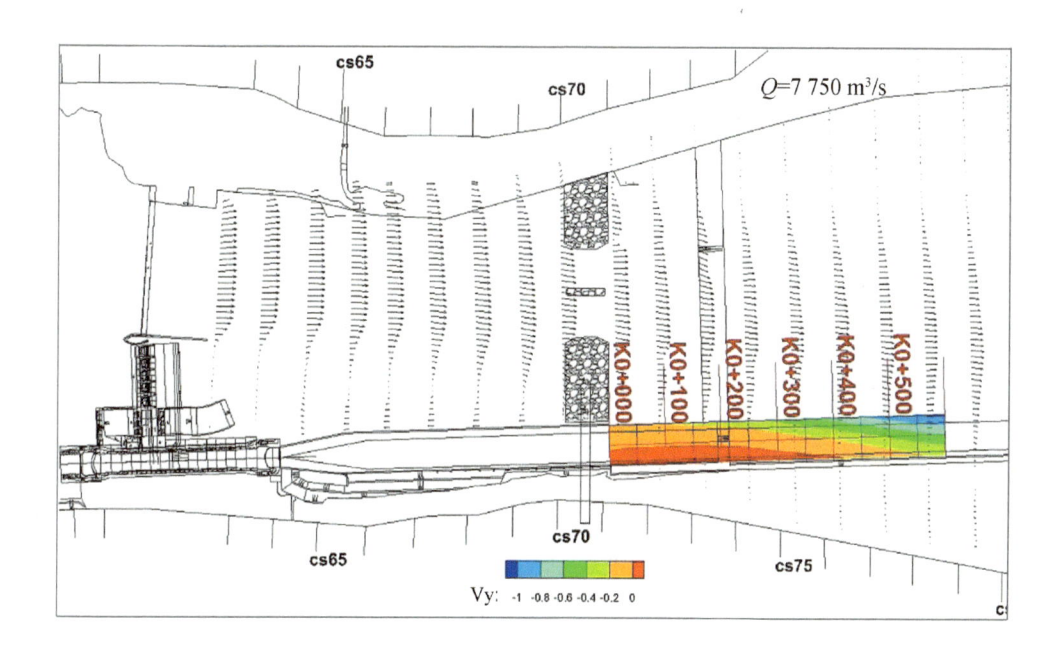

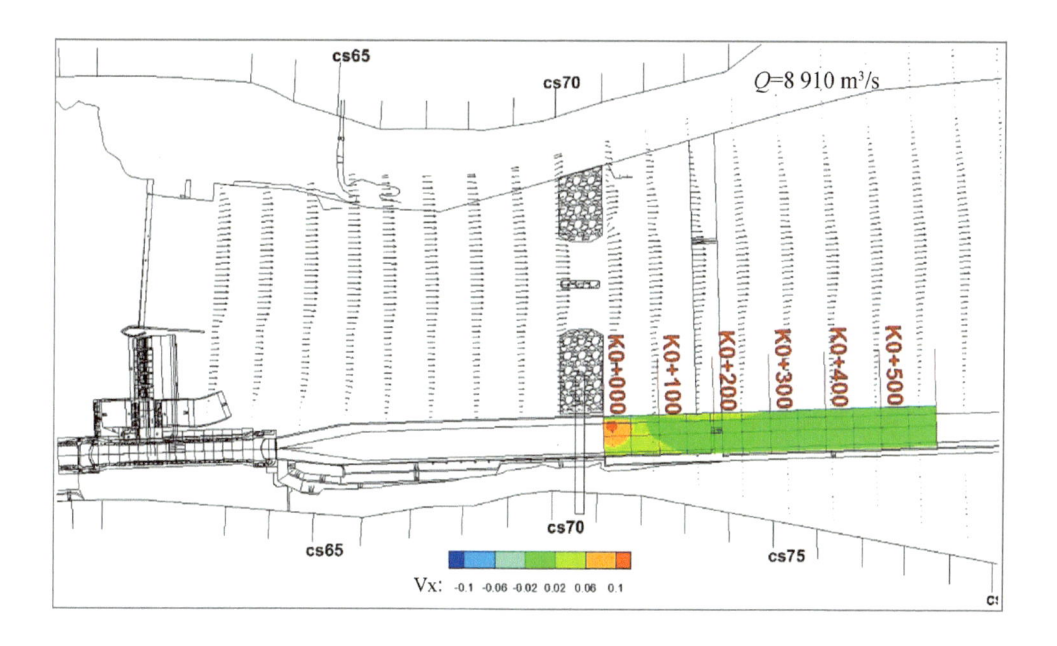

第 4 章　船闸改扩建工程通航研究应用

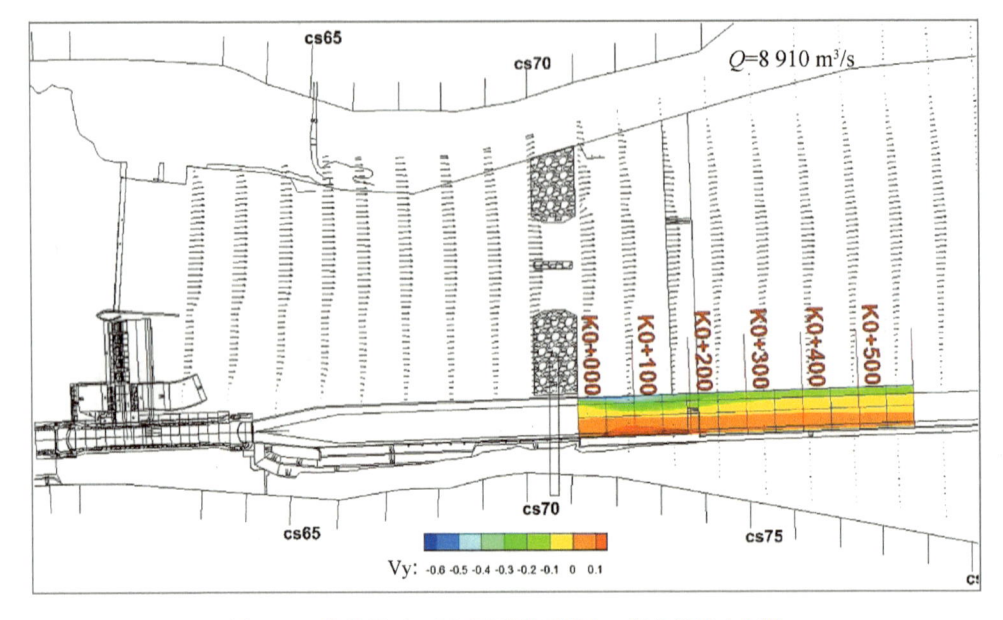

图 4-24　各流量下口门区及连接段横向、纵向流速分布图

（3）方案小结

优化方案船闸下游导航墙延长至澧水大桥桥墩防护区后，避免了中枯水流量枢纽下泄水流对口门区水流条件的影响。各级流量下引航道口门区及连接段横向流速、纵向流速均在规范限值以内，通航水流条件较优，优化方案取得较好的改善效果。

4.6.2　船闸上游引航道优化方案试验研究

船闸上游引航道口门区通航水流条件的改善是本研究重点及难点。针对设计方案一最大通航流量下口门区斜流强度较大、停泊段流速较大的问题，模型试验分别开展相关优化方案试验研究，各方案概述见表 4-6。

表 4-6　船闸上游引航道各优化方案概述

方案	优化思路	优化措施	改善效果	存在的问题
优化方案 1	调整口门区流速分布	透空式导航墙	口门区水流条件有所改善	停泊段流速较大

(续表)

方案	优化思路	优化措施	改善效果	存在的问题
优化方案 2-1	限制右汊过流量，降低停泊段流速	封堵右汊	水流条件满足要求	工程量大，对水环境有一定影响，不利于后期维护
优化方案 2-2		封堵右汊，底部透空		
优化方案 2-3		延长导墙，局部溢流		
优化方案 3	延长导航墙以掩护停泊段	导航墙上延 420 m	水流条件满足规范要求	工程量大
优化方案 4-1	控制中枯水期停泊段流速，依据流量优化船闸运行调度	初始方案导墙长 115 m	$Q=2\,000\ \mathrm{m^3/s}$ 时水流条件基本满足要求	最大通航流量口门区横向流速略大，随着导墙长度的增加，横向流速减小
优化方案 4-2		导墙上延 30 m	—	
优化方案 4-3		导墙上延 60 m	$Q=2\,500\ \mathrm{m^3/s}$ 时水流条件基本满足要求	
优化方案 4-4		导墙上延 90 m	$Q=3\,000\ \mathrm{m^3/s}$ 时水流条件满足要求	

优化方案 1、2、3 均以满足最大通航流量（$Q=8\,910\ \mathrm{m^3/s}$）通航水流条件为优化目标，方案优化难度较大，工程投资也较大。

2009—2019 年间石门及津市站流量统计资料（见图 4-25、表 4-7）显示，11 年间流量超过 $2\,000\ \mathrm{m^3/s}$ 的天数共 67 天，年平均天数约 6 天；流量超过 $2\,500\ \mathrm{m^3/s}$ 的天数共 43 天，年平均天数约 4 天；流量超过 $3\,000\ \mathrm{m^3/s}$ 的天数共 31 天，年平均天数约 3 天。上述数据表明，中洪水流量实际出现的概率较小。优化方案 4 拟采取依据上游来流量优化船闸运行调度的方式，即在中枯水流量时，船舶停靠引航道停泊段待闸；洪水流量时，船舶在艳洲上游远方锚地停泊待闸。通过模型试验研究满足停泊段安全停靠的流量。

表 4-7 2009—2019 年间石门、津市站流量统计表

年度	>2 000 m³/s 天数（d）	>2 500 m³/s 天数（d）	>3 000 m³/s 天数（d）
2009	3	2	2
2010	14	8	6
2011	5	3	1
2012	7	4	2
2013	5	3	2
2014	4	3	3

(续表)

年度	>2 000 m³/s 天数（d）	>2 500 m³/s 天数（d）	>3 000 m³/s 天数（d）
2015	4	4	3
2016	20	11	10
2017	1	1	0
2018	2	2	2
2019	2	2	0
合计	67	43	31
年平均	6	4	3

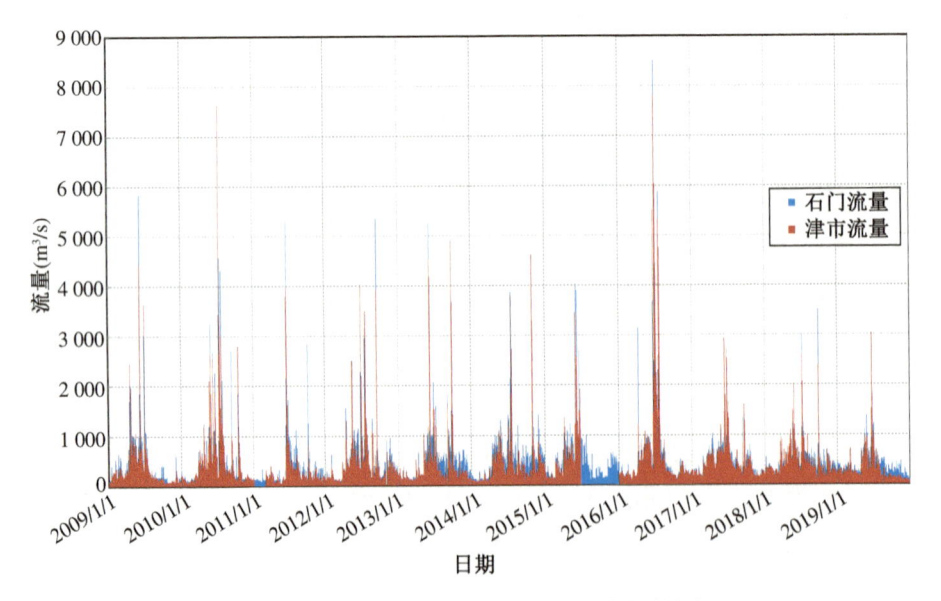

图 4-25 2009—2019 年间石门、津市站流量统计

（1）方案布置

模型试验选择 $Q=2\,000\ \mathrm{m^3/s}$、$Q=2\,500\ \mathrm{m^3/s}$、$Q=3\,000\ \mathrm{m^3/s}$ 开展引航道口门区通航水流条件研究，根据停泊段流速情况逐步延长船闸导墙，分别形成优化方案 4-1 至优化方案 4-4，其中优化方案 4-1 为初始方案，船闸辅导航墙原设计长度为 115 m。优化方案 4-2、4-3、4-4 导墙上延长度分别为 30 m、60 m、90 m。各方案平面布置见图 4-26 至图 4-29。

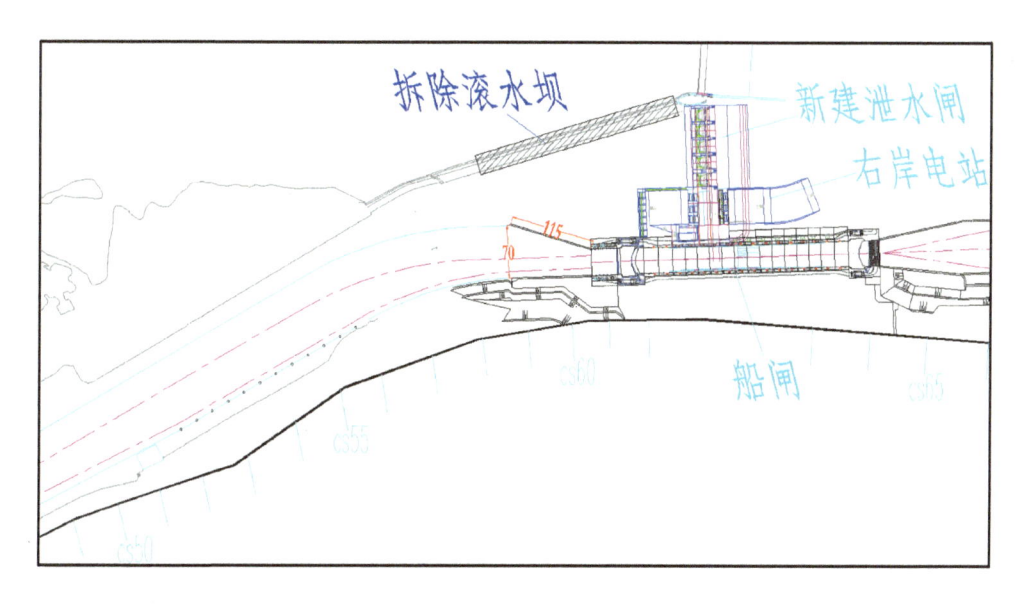

图 4-26　优化方案 4-1 平面布置（长度单位：m）

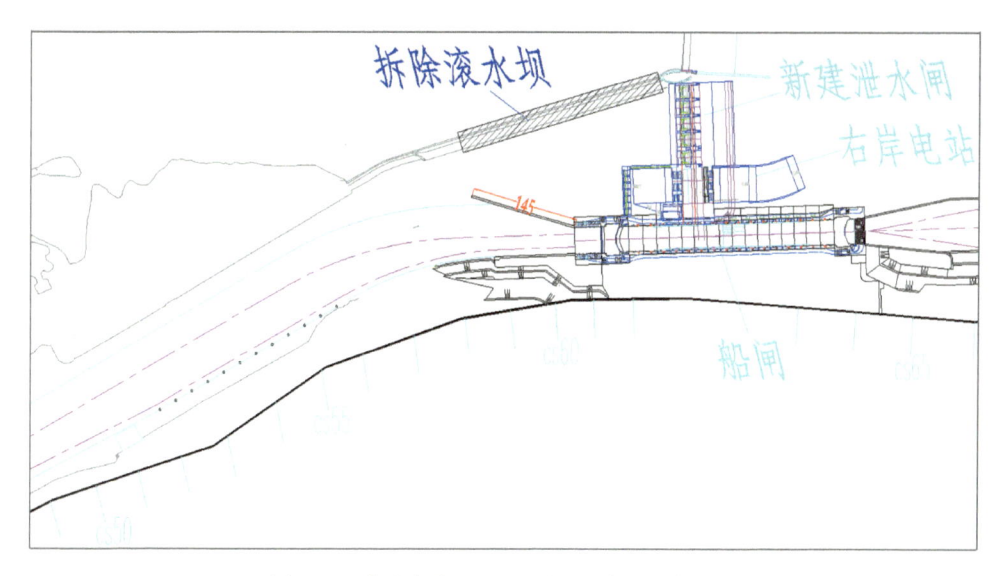

图 4-27　优化方案 4-2 平面布置（长度单位：m）

89

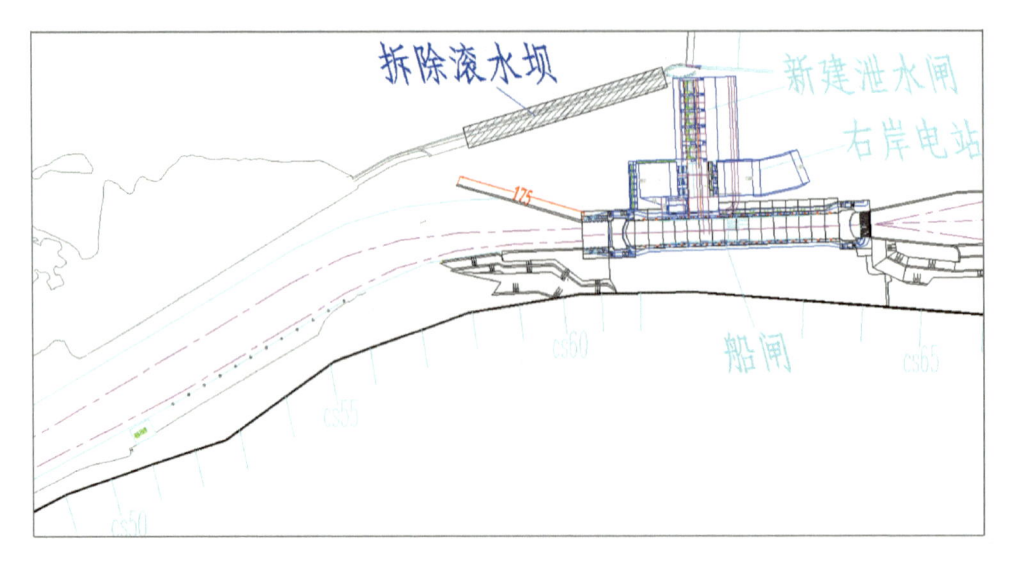

图 4-28　优化方案 4-3 平面布置（长度单位：m）

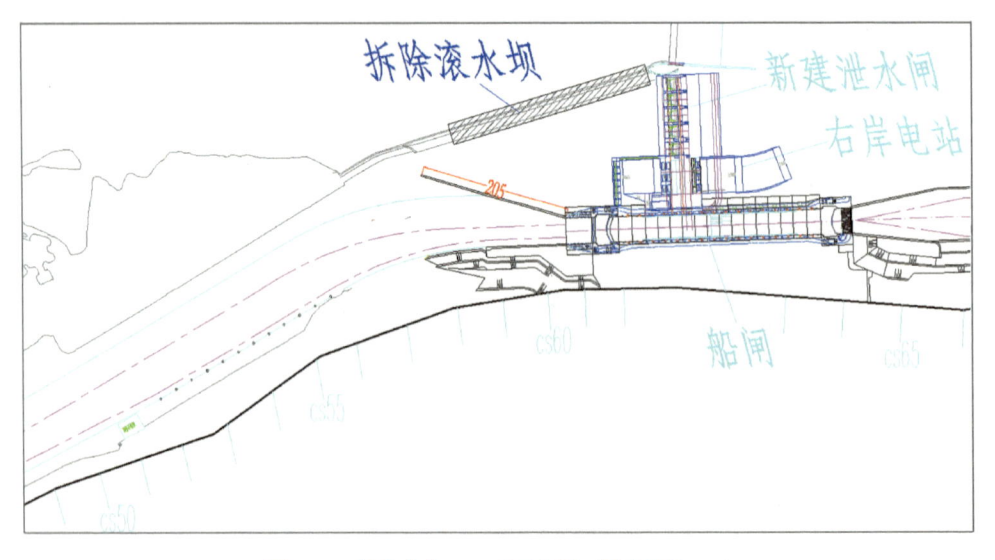

图 4-29　优化方案 4-4 平面布置（长度单位：m）

(2) 通航水流条件

为研究船闸灌泄水对停泊段流速的影响，模型试验对船闸灌泄水进行概化模拟。在停泊段布置流速测点，分别观测有无船闸灌泄水影响时停泊段流速。

$Q=2\,000\sim3\,000\ m^3/s$ 流量时，枢纽上下游水位差较小，一般在 6.6~5.6 m。从观测到的流速变化情况来看，受船闸灌泄水影响，停泊段一般在恒定流基础上增大 0.07~0.12 m/s。见图 4-30（以优化方案 4-3，$Q=2\,500\ m^3/s$ 为例）。

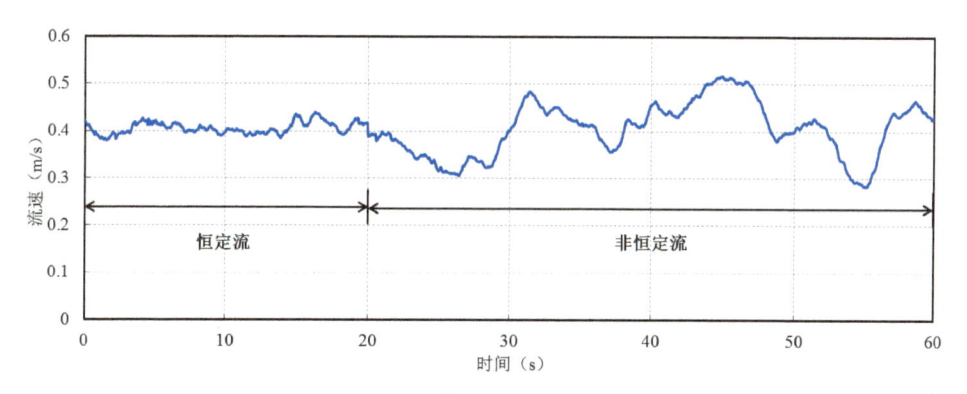

图 4-30 船闸灌泄水时停泊段流速变化

考虑船闸灌泄水影响，$Q=2\,000\sim3\,000\ m^3/s$ 各方案停泊段最大流速见表 4-8。由表可见，随着导墙上延长度的增加，停泊段流速逐渐减小。当 $Q=2\,000\ m^3/s$ 时，优化方案 4-1 即导航墙设计长度 115 m 时，停泊段流速为 0.52 m/s，基本满足规范要求；$Q=2\,500\ m^3/s$ 时，导航墙需上延 60 m，停泊段流速为 0.51 m/s，基本满足规范要求；$Q=3\,000\ m^3/s$ 时，导航墙需上延 90 m，停泊段流速为 0.46 m/s，满足规范要求。

表 4-8 各方案停泊段最大流速

流量（m³/s）	流速（m/s）			
	优化方案 4-1	优化方案 4-2	优化方案 4-3	优化方案 4-4
2 000	0.52	0.49	0.44	—
2 500	0.62	0.58	0.51	—
3 000	0.75	0.70	0.62	0.46

为进一步研究各优化方案洪水流量下口门区及连接段通航水流条件，模型试验观测了最大通航流量 $Q=8\,910\text{ m}^3/\text{s}$ 时口门区及连接段流速分布情况，汇总方案 4-1、4-3、4-4 口门区及连接段特征流速见表 4-9，口门区及连接段横向、纵向流速分布见图 4-31 至图 4-33。

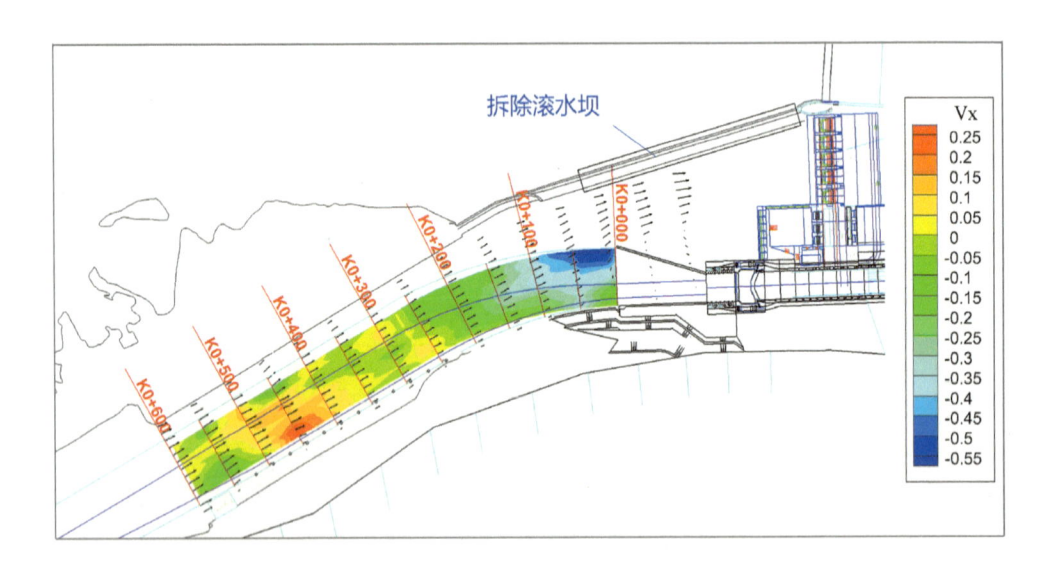

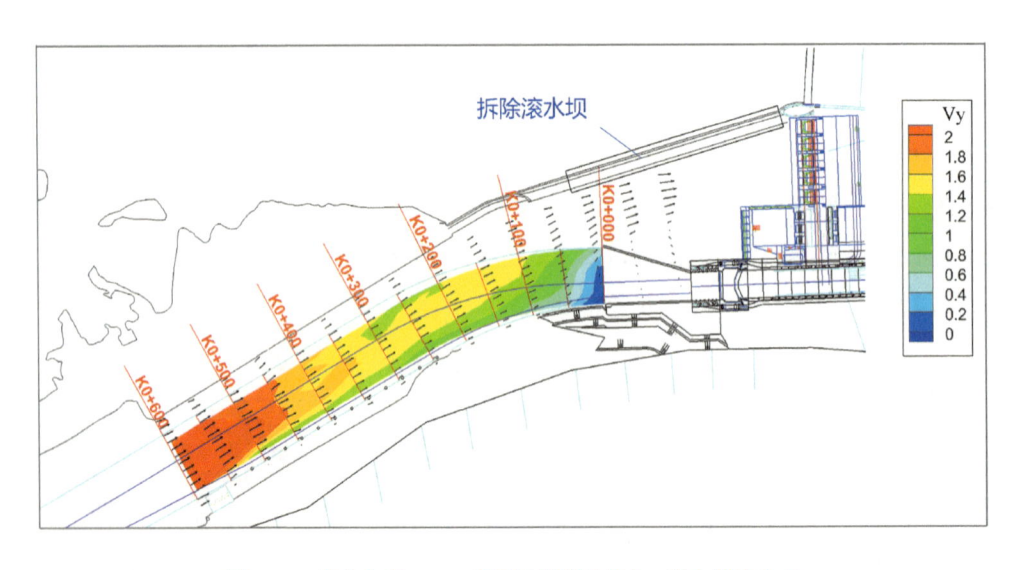

图 4-31　优化方案 4-1 口门区及连接段横向、纵向流速分布

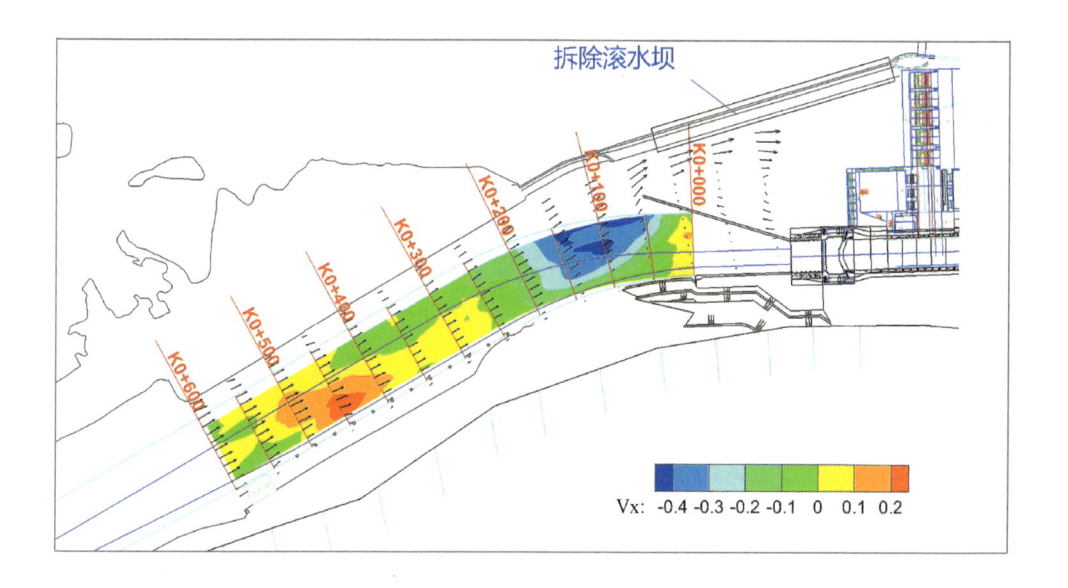

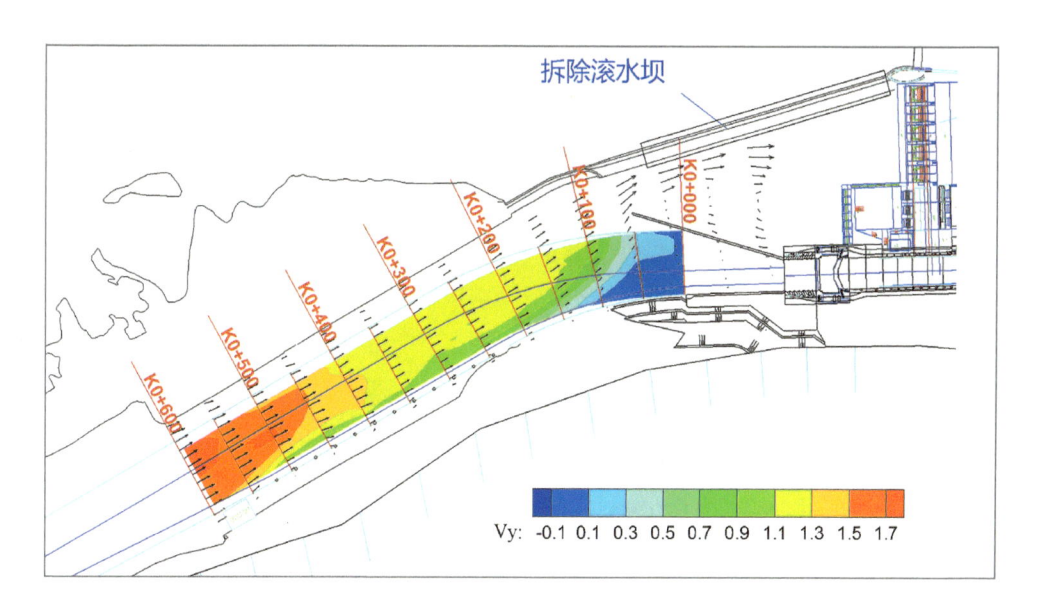

图 4-32　优化方案 4-3 口门区及连接段横向、纵向流速分布

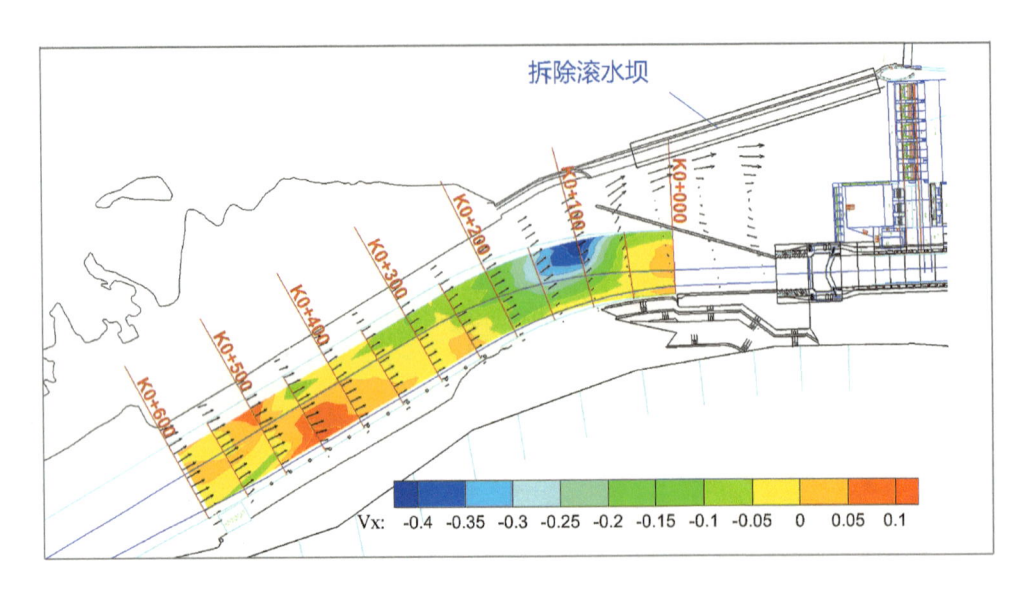

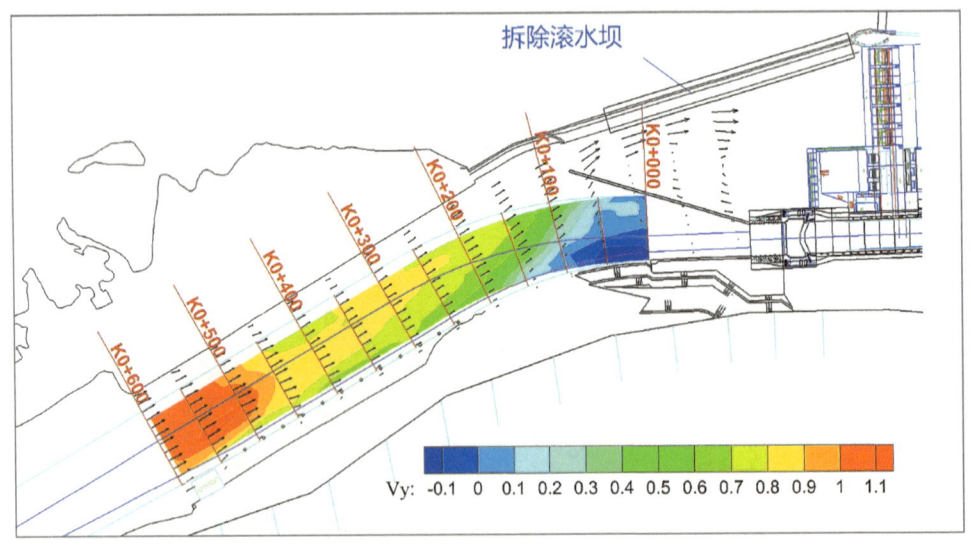

图4-33 优化方案4-4口门区及连接段横向、纵向流速分布

① 优化方案4-1即导航墙为初始设计长度115 m时，口门区最大横向流速0.53 m/s，最大纵向流速1.61 m/s；连接段最大横向流速0.19 m/s，最大纵向流速2.19 m/s。

② 优化方案4-3导航墙上延60 m时，口门区最大横向流速0.44 m/s，最大

纵向流速 1.23 m/s；连接段最大横向流速 0.21 m/s，最大纵向流速 1.79 m/s。

③ 优化方案 4-4 导航墙上延 90 m 时，口门区最大横向流速 0.35 m/s，最大纵向流速 0.79 m/s；连接段最大横向流速 0.18 m/s，最大纵向流速 1.10 m/s。

结合各方案船闸上游流场分布可知，口门区横流较大的区域一般在堤头附近 50~100 m 范围内。随着导航墙长度的增加，右汊过流量减小，口门区及连接段横向流速及纵向流速逐渐减小，导航墙上延 90 m 时，口门区通航水流条件相对最优。连接段水流较顺直，各方案横向流速变化不大，一般在 0.2 m/s 左右。

表 4-9 $Q=8\,910\ \mathrm{m^3/s}$ 各方案口门区及连接段特征流速（单位：m/s）

区段	优化方案 4-1		优化方案 4-3		优化方案 4-4	
	V_{xmax}	V_{ymax}	V_{xmax}	V_{ymax}	V_{xmax}	V_{ymax}
口门区	0.53	1.61	0.44	1.23	0.35	0.79
连接段	0.19	2.19	0.21	1.79	0.18	1.10

（3）船模航行条件

优化方案 4 针对中枯水流量及洪水流量，分别选取了不同导航墙布置方案开展船模航行试验研究。对于中枯水流量，模型试验选取的试验流量为 $Q=2\,500\ \mathrm{m^3/s}$，导航墙布置方案为优化方案 4-3（导航墙上延 60 m）；对于洪水流量，模型试验选取的试验流量为 $Q=8\,910\ \mathrm{m^3/s}$，导航墙布置方案分别为优化方案 4-1、优化方案 4-3（导航墙上延 60 m）、优化方案 4-4（导航墙上延 90 m）。各方案试验结果详述如下。

① $Q=2\,500\ \mathrm{m^3/s}$

船模以 1.50 m/s 航速由靠船墩下行时，最大操 6.85°舵角便可调整进入设计航线内，船模通过连接段航道时航行漂角最大为 6.45°。进入口门区段航道时，最大操 17.14°舵角向右转向，转弯时船模最大航行漂角为−13.74°。船模进闸时航态较好。进入引航道后，船模最大操 9.26°舵角调整航态进入闸首段，船模下行进闸航态见图 4-34。

船模以 1.50 m/s 航速上行时，通过引航道内船模调整航态所需舵角最大时为−14.47°。进入口门区段航道内，向左转向时船模所需舵角最大为−22.20°，转向时船模漂角最大为 14.44°。通过口门区段弯道后，船模最大操 7.55°舵角便可调整航态，航行漂角最大时为 6.54°，船模上行出闸航态见图 4-35。

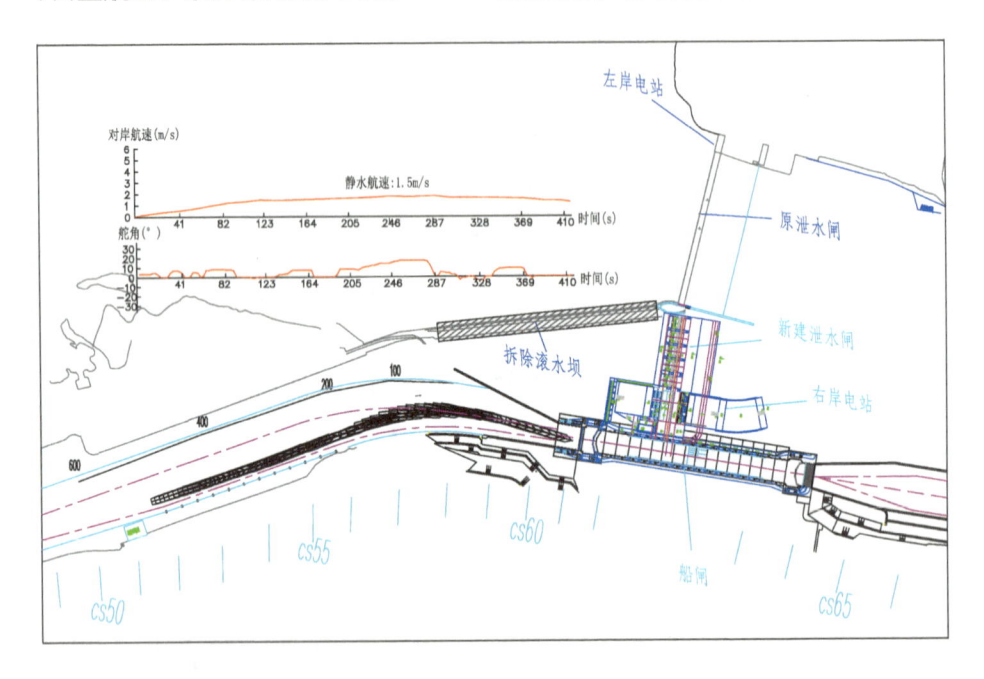

图 4-34　$Q=2\,500\ \text{m}^3/\text{s}$ 时优化方案 4-3 船模下行进闸航态图

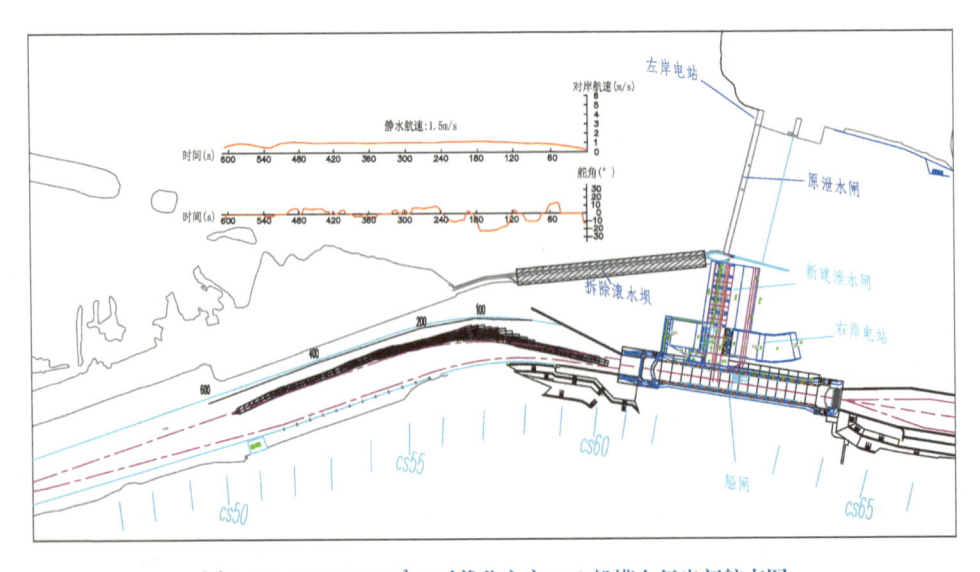

图 4-35　$Q=2\,500\ \text{m}^3/\text{s}$ 时优化方案 4-3 船模上行出闸航态图

② $Q=8\ 910\ \text{m}^3/\text{s}$

优化方案 4-1，船模以 2.50 m/s 航速下行至距导航墙堤头约 600～1 000 m 处时，船模航行时船艉向左漂移，漂角最大为 $-8.81°$，船模调整航态所需舵角最大为 $-25.83°$。船模通过连接段航道航行时所需舵角最大为 $-18.07°$，航行漂角最大为 $-8.97°$。船模进入口门区段航道向右转向时，最大操 15.77° 舵角向右转弯，转向时受口门区内横流作用，船艉向左漂移，漂角最大时为 $-18.36°$，通过调顺段后由于船模漂角较大而船闸口门距船闸闸室距离较短，因此船模最大需操 $-34.28°$ 舵角调整航态进入闸首段。通过引航道停泊段后，船模将静水航速减至 1.50 m/s 时，船模对岸航速约为 2.17 m/s，船模下行进闸航态见图 4-36。船模以 2.50 m/s 航速上行出闸时，最大操 $-23.10°$ 舵角向左转向，船模通过口门区段航道所需舵角最大为 $-18.64°$，上行时船艉受横流作用右漂，漂角最大时为 18.38°。船模进入连接段航道后航行较顺利，航行漂角最大时为 13.34°，调整航态所需最大舵角为 $-13.32°$，船模上行出闸航态见图 4-37。

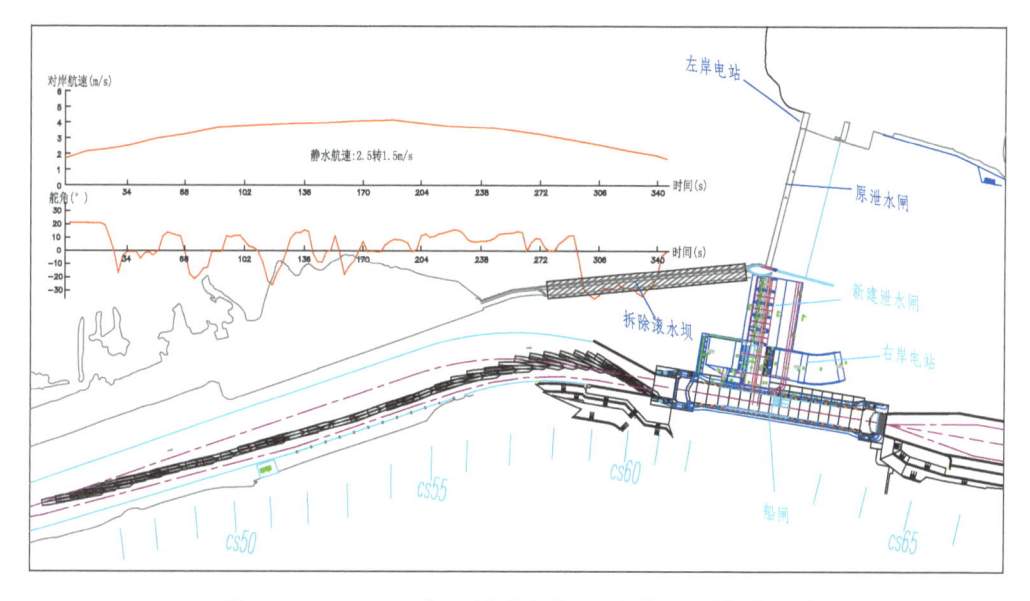

图 4-36　$Q=8\ 910\ \text{m}^3/\text{s}$ 时优化方案 4-1 船模下行进闸航态图

优化方案 4-3，船模以 2.50 m/s 航速下行至距口门约 600～1 000 m 处时，航行漂角最大为 $-9.06°$，船模调整航态所需舵角最大为 19.25°。船模最大操

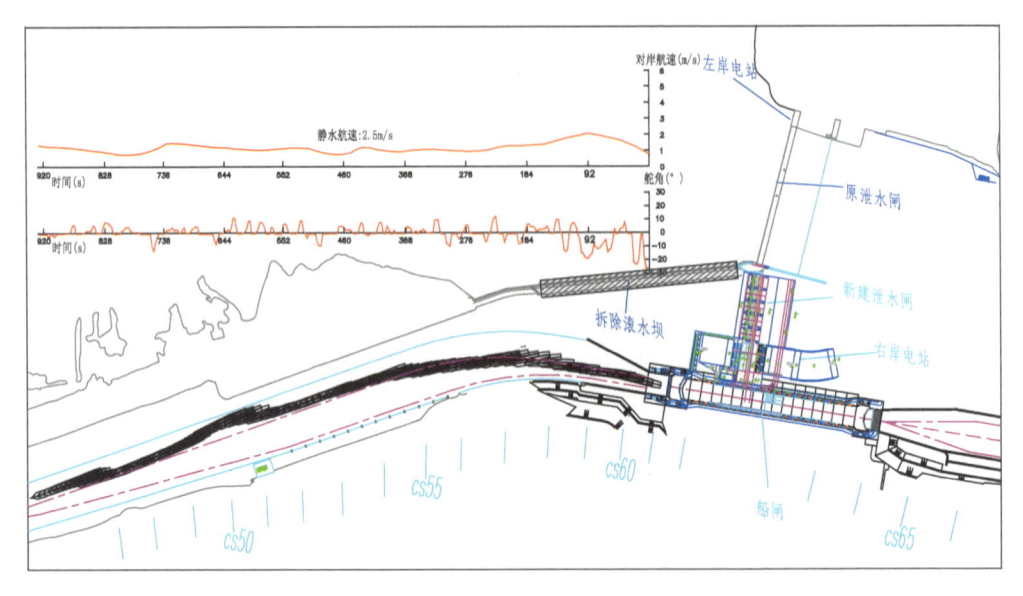

图 4-37　$Q=8\,910\,\mathrm{m}^3/\mathrm{s}$ 时优化方案 4-1 船模上行出闸航态图

$-16.61°$舵角通过连接段航道，航行时漂角最大为$-7.46°$。船模进入口门区段航道最大操 $19.22°$舵角向右转弯，转向时受口门区内横流作用航行漂角最大为$-15.80°$，通过调顺段后调整航态所需最大舵角为$-21.24°$，通过引航道停泊段后，船模将静水航速减至 $1.50\,\mathrm{m/s}$ 时，船模对岸航速约为 $1.77\,\mathrm{m/s}$。船模下行进闸航态见图 4-38。船模以 $2.50\,\mathrm{m/s}$ 航速上行出闸时，最大操$-17.47°$舵角向左转向，转向时船模漂角最大为 $16.05°$。船模进入连接段航道后航行较顺利，航行漂角最大时为 $12.28°$，调整航态所需舵角最大为 $9.53°$，船模上行出闸航态见图 4-39。

优化方案 4-4，船模以 $2.50\,\mathrm{m/s}$ 航速下行通过连接段航道时航行较顺利，航行时所需舵角最大为 $11.57°$，航行时漂角最大为$-7.92°$。船模行经口门区段航道时所需舵角最大为$-19.63°$，航行时漂角最大为$-13.5°$，过停泊段后船模静水航速减至 $1.50\,\mathrm{m/s}$，船模对岸航速约为 $1.69\,\mathrm{m/s}$，船模下行进闸航态见图 4-40。船模以 $2.50\,\mathrm{m/s}$ 航速上行经过口门区段航道时，最大操$-16.22°$舵角向左转向，转向时船模漂角最大为 $11.19°$。船模进入连接段航道后航态较好，航行漂角最大时为 $7.40°$，调整航态所需舵角最大为 $10.82°$，船模上行出闸航态见图 4-41。

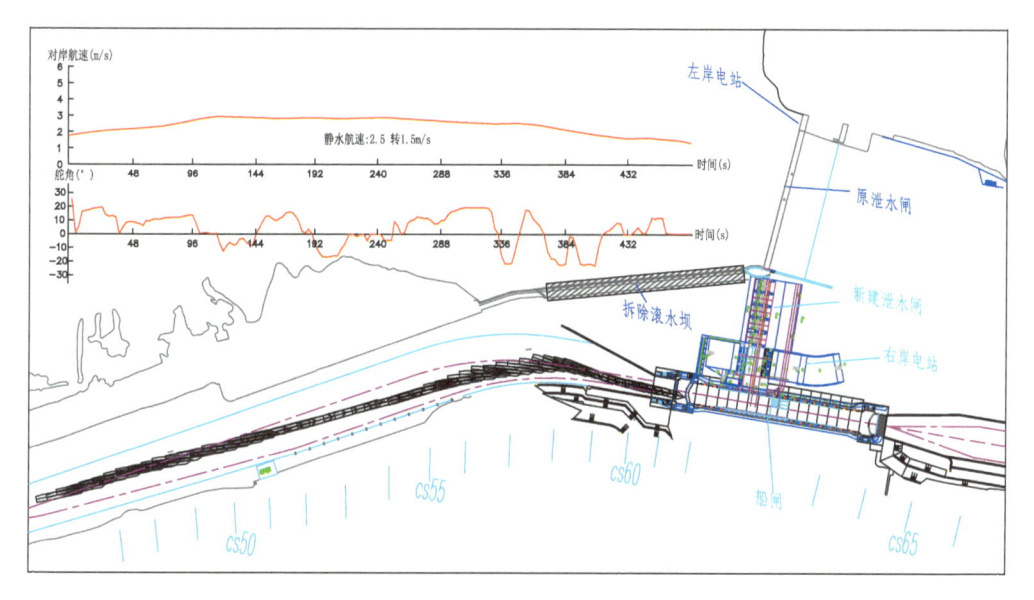

图 4-38　$Q=8\,910\,\text{m}^3/\text{s}$ 时优化方案 4-3 船模下行进闸航态图

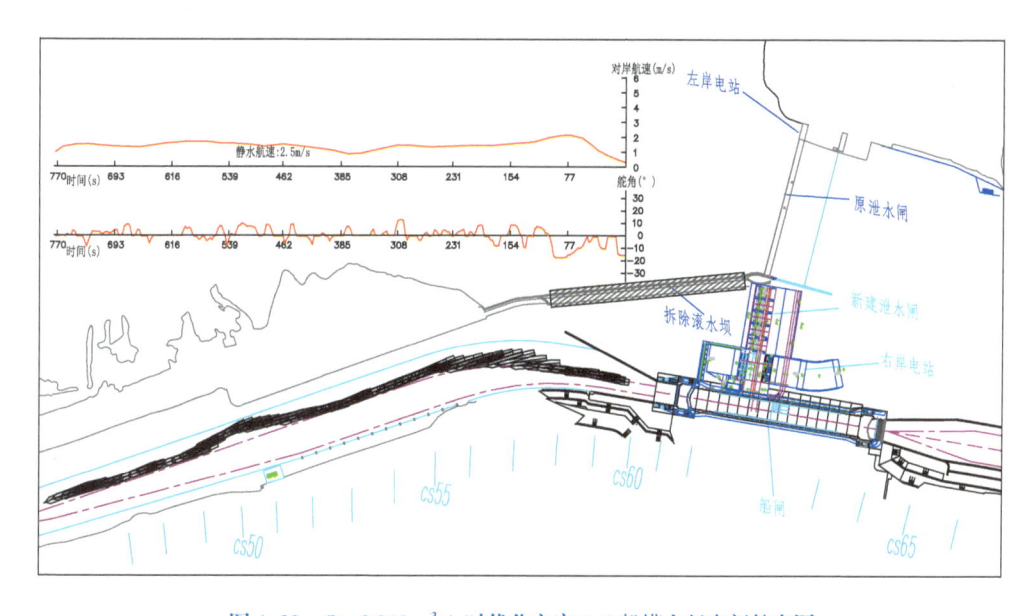

图 4-39　$Q=8\,910\,\text{m}^3/\text{s}$ 时优化方案 4-3 船模上行出闸航态图

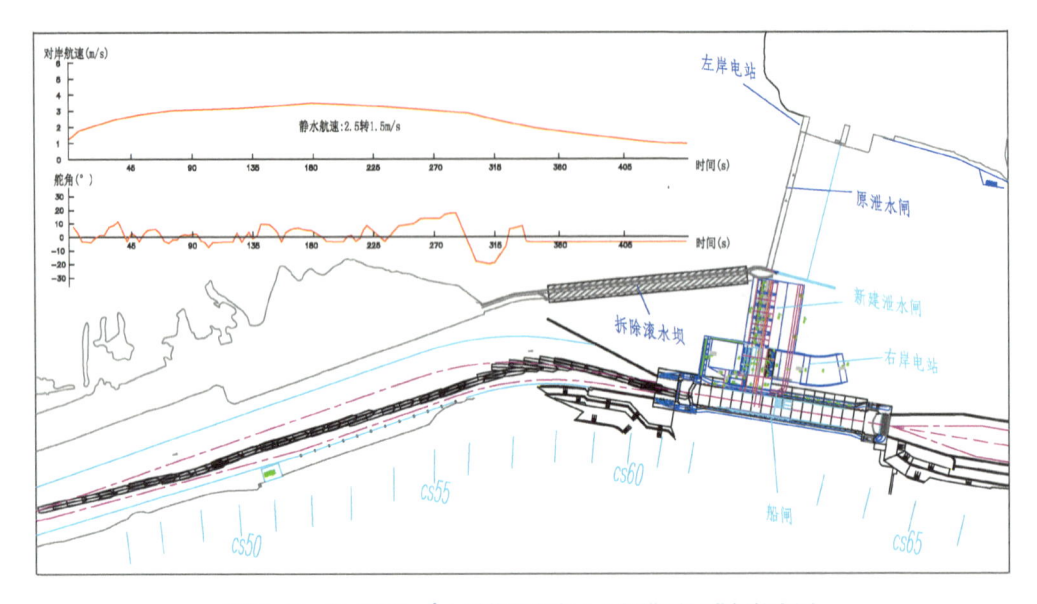

图 4-40　$Q=8\,910\,\mathrm{m}^3/\mathrm{s}$ 时优化方案 4-4 船模下行进闸航态图

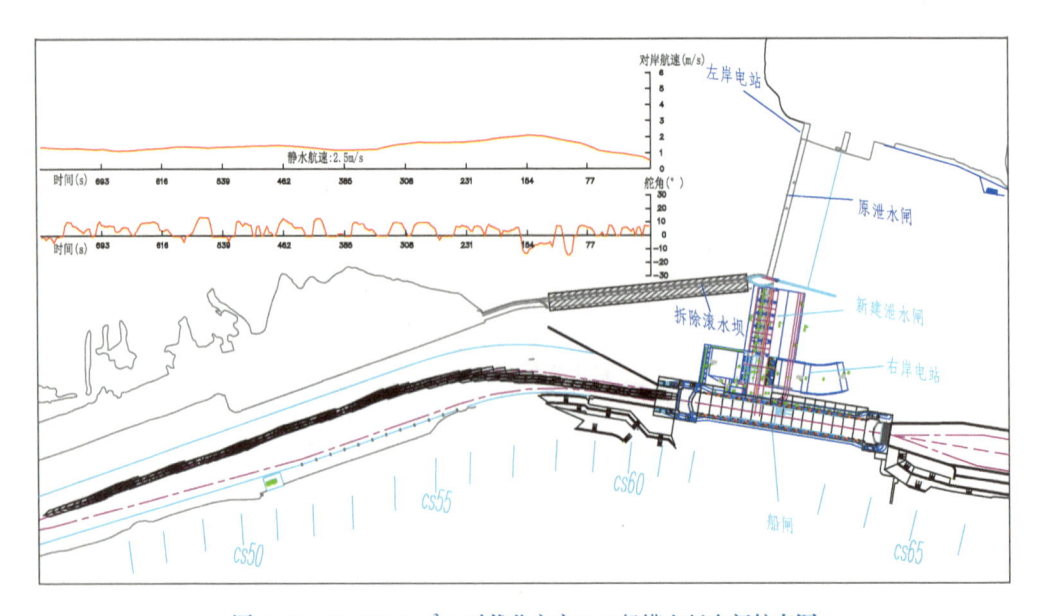

图 4-41　$Q=8\,910\,\mathrm{m}^3/\mathrm{s}$ 时优化方案 4-4 船模上行出闸航态图

(4) 方案小结

优化方案 4 研究基础为控制中枯水流量下停泊段流速，试验结果表明，当 $Q=2\,000$ m³/s 时，优化方案 4-1 即导航墙设计长度 115 m，停泊段流速基本满足规范要求；$Q=2\,500$ m³/s 时，导航墙需上延 60 m，停泊段流速基本满足规范要求；$Q=3\,000$ m³/s 时，导航墙需上延 90 m，停泊段流速满足规范要求。

结合最大通航流量 $Q=8\,910$ m³/s 时通航水流条件来看，导航墙上延 90 m 时，口门区及连接段通航水流条件相对最优，船模航行条件也最优。

4.6.3　右汊进口段通航水流条件优化方案试验研究

(1) 方案布置

针对艳洲洲头右汊进口段斜流强度较大的问题，模型试验采取的优化措施为切除右汊进口段右岸凸咀，疏挖区底高程 36 m，拓宽右岸侧缓流区水域，将洪水期航线向右岸侧调整。优化方案平面布置见图 4-42。

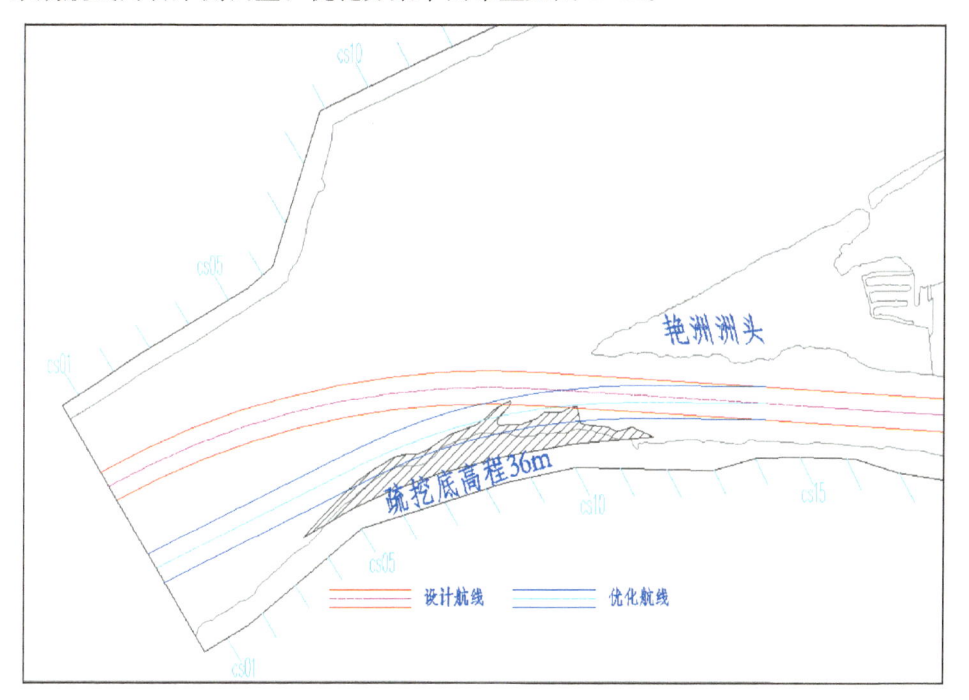

图 4-42　优化方案平面布置

（2）通航水流条件

对右汊进口段右岸凸咀进行疏挖，并调整洪水期航线布置后，模型试验分别选取优化方案 3、优化方案 4-3，对最大通航流量下右汊进口段通航水流条件进行分析。

① 优化方案 3

优化方案 3 航道内横向流速较大的区域主要集中在艳洲洲头上游约 100～350 m 范围内，斜流强度呈左大右小的分布趋势，横向流速一般在 0.4～0.6 m/s，航道左边线附近局部范围最大横向流速 0.64 m/s。其余范围横向流速较小，一般在 0.3 m/s 以内。

优化方案 3 右汊进口段航道内横向流速分布见图 4-43。

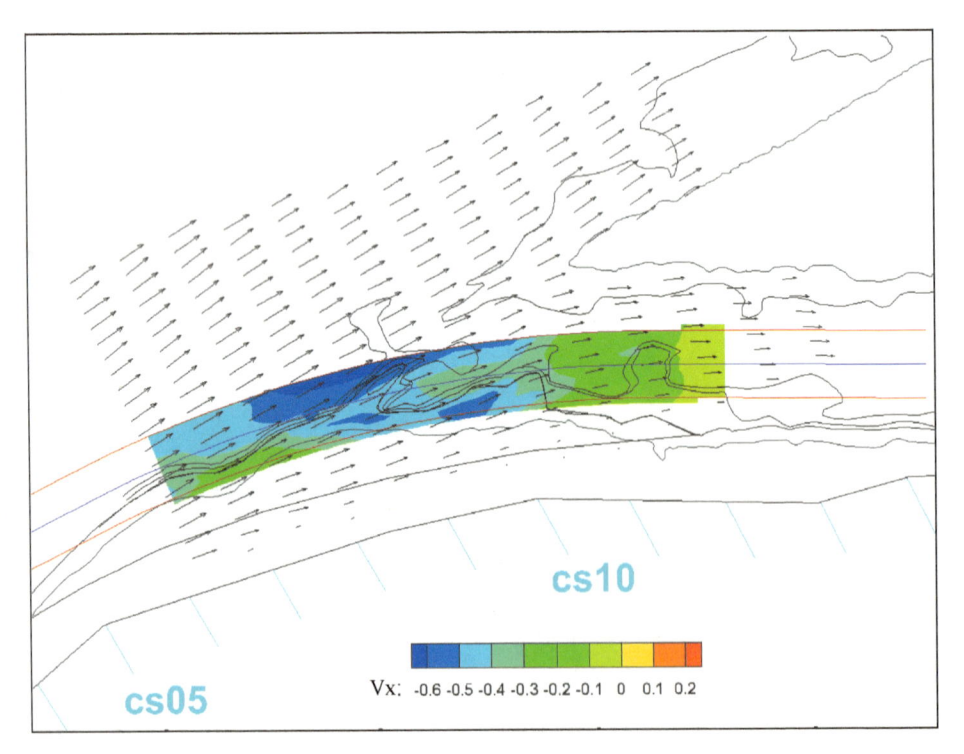

图 4-43　优化方案 3 右汊进口段航道内横向流速分布

② 优化方案 4-3

优化方案 4-3 右汊进口段航道内横向流速分布趋势与优化方案 3 大体一致，但航道中线右侧横向流速较优化方案 3 略小。艳洲洲头上游约 100～300 m 航道中线右侧横向流速一般在 0.35～0.52 m/s，航道中线左侧横向流速在 0.46～0.67 m/s。

优化方案 4-3 右汊进口段航道内横向流速分布见图 4-44。

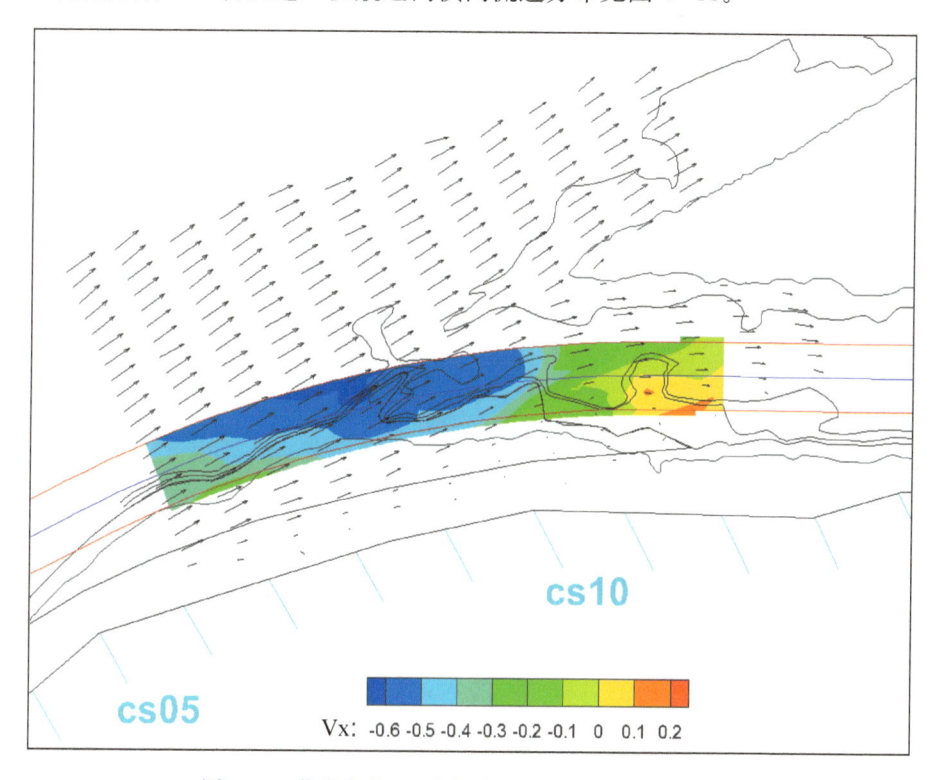

图 4-44　优化方案 4-3 右汊进口段航道内横向流速分布

（3）船模航行条件

① 优化方案 3

优化方案 3 船模以 2.50 m/s 航速沿右岸侧下行，行至艳洲洲头处时，船模最大操 13.42°舵角便可顺利通过，调整航向时船模航行漂角最大达－10.83°。进入右汊航道后，船模调整航态所需最大舵角为－23.18°，船模下行航态见图 4-45。船模以 4.50 m/s 沿右汊航道上行时，航行所需舵角最大为－14.12°，航行漂角最大为－7.63°。上行至艳洲洲头处时，对岸航速最小约为 1.35 m/s。船模航行时最大操－11.65°舵角调整航态，航行时，船艉受横流作用漂角最大为 16.48°。船模上行航态见图 4-46。

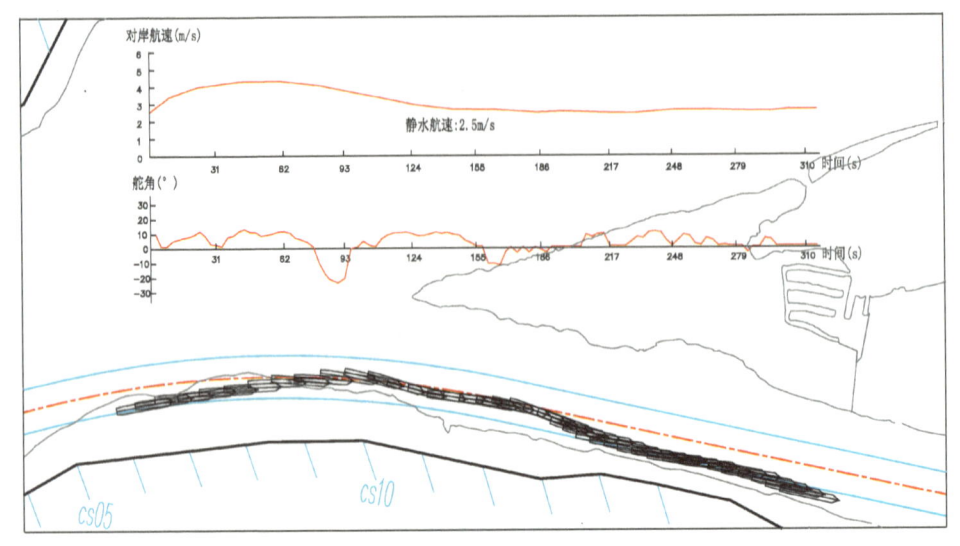

图 4-45 优化方案 3 船模下行航态图（$Q=8\,910\ \text{m}^3/\text{s}$）

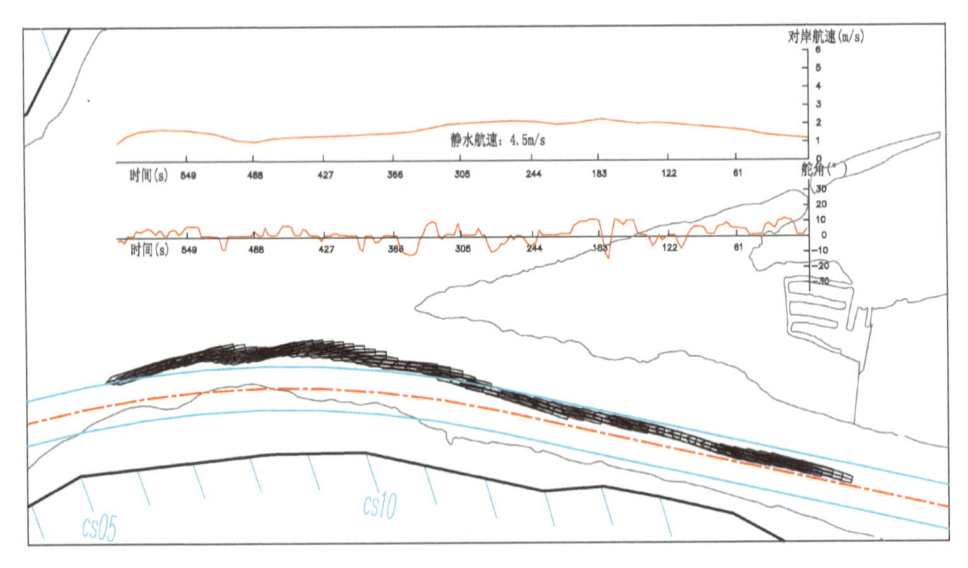

图 4-46 优化方案 3 船模上行航态图（$Q=8\,910\ \text{m}^3/\text{s}$）

② 优化方案 4-3

优化方案 4-3 船模以 2.50 m/s 航速沿右岸侧下行，行至艳洲洲头处时，船模最大操 12.12°舵角便可顺利通过，调整航向时船模航行漂角最大达 －8.81°。进入右汊航道后，船模调整航态所需最大舵角为 11.11°，船模下行航态见

图4-47。船模以4.50 m/s沿右汊航道上行时，航行所需舵角最大为13.43°，航行漂角最大为−5.93°。上行至艳洲洲头处时，对岸航速最小约为1.58 m/s。船模航行时最大操−11.37°舵角调整航态，航行时，船艉受横流作用漂角最大为13.86°，船模上行航态见图4-48。

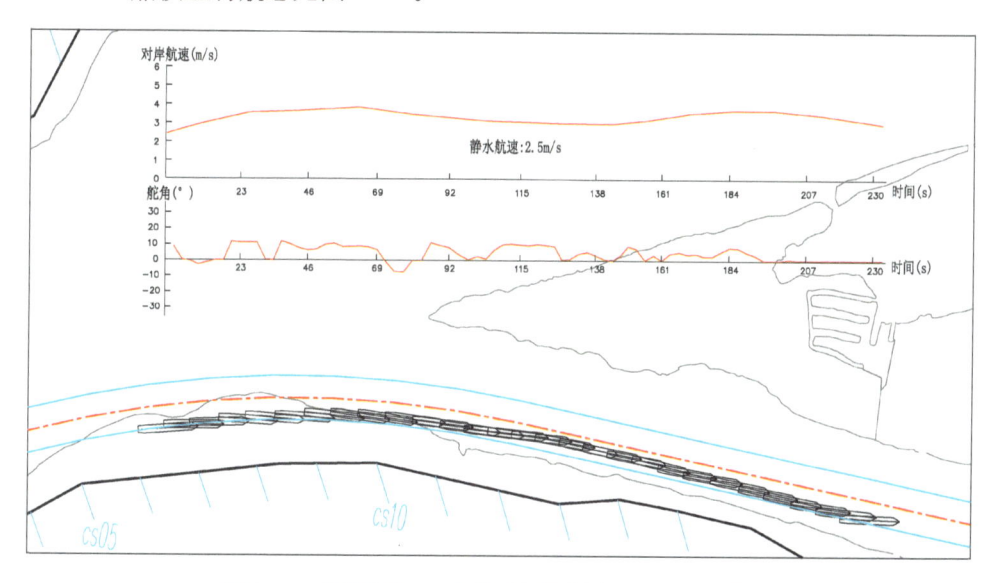

图4-47 优化方案4-3船模下行航态图（$Q=8\,910\text{ m}^3/\text{s}$）

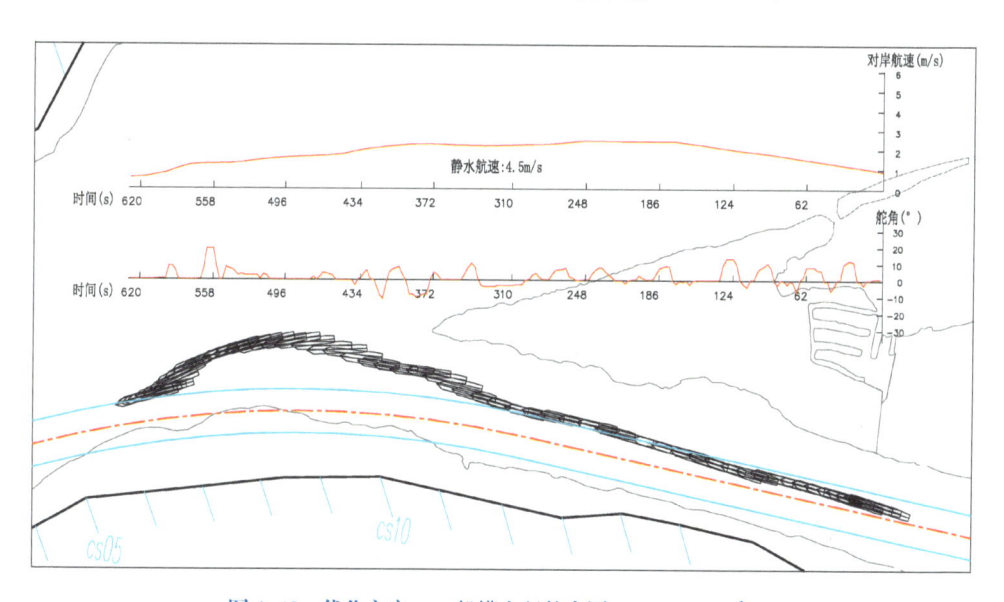

图4-48 优化方案4-3船模上行航态图（$Q=8\,910\text{ m}^3/\text{s}$）

船模航行试验结果表明，优化方案 4-3 与优化方案 3 该段航道布置相同，右岸侧拓宽后，船舶可经右侧缓流区下行，航态较好。上行时局部仍会受影响，但船舶均可顺利上行。

(4) 方案小结

对右汊进口段右岸凸咀进行疏挖，并调整洪水期航线布置后，最大通航流量 $Q=8\ 910\ \text{m}^3/\text{s}$ 时，优化方案 3、优化方案 4-3 最大横向流速由设计方案的 1.6 m/s 降至约 0.67 m/s，斜流强度大幅减弱，但航道内横向流速仍较大。船舶可经右岸侧缓流区下行，航态较好。上行时局部仍会受影响，但船舶均可顺利上行，船舶在航经此段时应谨慎驾驶。

4.7 结论

本项目采用资料分析、定床物理模型试验与船模航行试验相结合的技术手段，开展艳洲枢纽船闸升级改造通航水流条件试验研究，主要结论如下。

(1) 建立艳洲枢纽上下游总长约 11.5 km 河段 1∶100 正态定床物理模型，依据洪、中、枯三次原型水文观测资料，对模型进行验证。模型测得的各水尺水位与原型水位的误差均在允许范围内，满足规范要求，模型达到了阻力相似要求；断面流速分布趋势与原型基本一致，模型达到了水流运动相似要求。

(2) 依据模型试验任务要求，结合枢纽不同的调度方式，模型试验选取了 11 级典型流量，研究现状条件下研究河段沿程水位及比降、坝下河段流场分布等水流运动特征，坝下航道存在枯水期水浅流急、航宽不足的碍航特性。

(3) 设计方案存在的主要问题为：最大通航流量下，船闸上游引航道口门区斜流强度较大，最大横向流速 0.68 m/s，船模航行漂角及舵角较大；上游停泊段流速较大，影响船舶安全系泊及靠离泊；中枯水流量下，船闸下游引航道口门区及连接段斜流强度较大，最大横向流速 0.58 m/s，对船舶通航安全不利；右汊进口段水流与航线夹角较大，航道内斜流强度较大，最大横向流速达到 1.6 m/s。

(4) 设计方案一船闸下游引航道口门区通航水流条件优化措施为：延长船闸下游导航墙至桥墩防护区，避免枢纽下泄水流对口门区水流条件的影响。各级流量下引航道口门区及连接段横向流速、纵向流速均在规范限值以内，通航水流条件较优，优化方案取得较好的改善效果。

（5）针对设计方案一船闸上游引航道口门区通航水流条件存在的问题，模型试验开展了多组次优化方案试验研究。其中，优化方案3船闸辅导航墙上延约420 m后，停泊段大部分位于船闸导航墙掩护范围内，停泊段最大流速一般在0.35 m/s左右，口门区及连接段通航水流条件较优；优化方案4以控制中枯水流量下停泊段流速为目标，提出了各特征流量下满足停泊段流速要求的导航墙设计长度，并结合洪水流量下口门区通航水流条件，为导航墙确定合理的设计长度提供依据。

（6）对右汊进口段右岸凸咀进行疏挖，并调整洪水期航线布置后，斜流强度大幅减弱，最大横向流速由设计方案的1.6 m/s降至约0.67 m/s，但航道内横向流速仍较大，船舶在航经此段时应谨慎驾驶。

第 5 章

隧洞安全通航研究应用

5.1 项目概况

白市水电站是清水江在贵州省境内最后一个梯级，位于贵州省黔东南州天柱县境内，坝址位于天柱县白市镇上游约2.8 km处的坪内村，距天柱县城30 km，是一个以发电为主，兼有防洪、航运、水产养殖等综合利用效益的工程，属二等大（2）型工程。枢纽建筑物由永久挡水建筑物、泄水建筑物、引水发电建筑物和通航建筑物组成，采用一列式布置形式，右岸布置坝后式厂房，河床布置溢流坝，左岸布置50 t级垂直升船机，两侧为接岸非溢流坝。枢纽现有通航建筑物为50 t级垂直升船机，按50 t级船舶过坝设计，远不满足国家规划的通航500 t级船舶的标准。白市水电站现状见图5-1。另外，白市至分水溪河段34 km航道现状为Ⅵ级，存在多处滩险，航道尺度1.0 m×15 m×（80～120）m。清水江白市至分水溪航道建设工程将按Ⅳ级标准建设清水江白市至分水溪34 km航道，并按通航500 t级船舶标准改造白市水电站枢纽通航建筑物，使工程河段通航标准达到规划Ⅳ级要求，满足远期预测货物通过，构建综合交通体系，促进腹地经济发展。

拟建船闸上游引航道中间高山段采用隧洞通航，隧洞总长约460 m，隧洞开挖最大宽度28 m，最大高度25 m，隧洞通航净宽22 m，通航净高8 m，通航水深4.0 m，通航主体结构布置在下游冲沟明挖渠道中。该方案平面布置地质条件较好，从地形条件分析，利用右岸冲沟地形布置通航建筑物，结合通航隧洞型式避免了大范围的岩石高边坡开挖，对工程建设有利，但隧洞通航在国内外基本无类似项目可参考，通航运行安全存在较大的风险，是本项目的难点和重点，需通过物理模型试验对隧洞相关参数及船舶航行参数加以论证确定。

本枢纽通航建筑物规划为Ⅳ级（500 t级）标准，远期兼顾1 000 t级船舶过坝，设计最大水头59.83 m，过坝运量接近300万t，工可阶段经综合比选，初

图 5-1　白市水电站现状图（下游视角）

步推荐采用单级省水船闸方案。根据设计船型尺度、运营组织方式及运量要求，同时考虑与下游各梯级枢纽的协调性，白市枢纽船闸有效尺度确定为 140 m×12 m×4.0 m（长×宽×门槛水深）。

5.2　试验船型和船模尺度

由于水工模型的几何比尺为 36，而船模设计时其比尺必须与相应的河工模型比尺相同，因此确定船舶模型几何比尺为 36，根据量纲关系，可求得各主要比尺，见表 5-1。

表 5-1　船模比尺列表　名称

名称	几何比尺	吃水比尺	排水量比尺	速度比尺	时间比尺
符号	λL	λT	$\lambda \triangledown$	λv	λt
数值	36	36	46 656	6	6

试验船模选择工可设计代表船型即贵州省 500 t 级规划船型。由船模与实船各参数之间的比尺关系，可计算出代表船型船模的主要尺度参数，见表 5-2。

表 5-2　实船与船模船型及主要尺度表　载重吨/船型

载重吨/船型	代表船型及尺度					船队队形
	船别	长度 (m)	宽度 (m)	设计吃水 (m)		
500 t 级	实船	货船	53.0	10.0	1.6	单船
	船模	货船	1.472	0.278	0.044	

5.3　方案布置

（1）设计方案总体平面布置

白市船闸上游引航道设计方案平面布置采用不对称型式，船舶采用曲线进闸、直线出闸方式过闸。上游引航道导航调顺段和停泊段布置在通航隧洞与上闸首之间的人工开挖明渠中，直线总长度 312 m，其中导航调顺段长 102 m，停泊段长 210 m；上游停泊段往上游接右转弯通航隧洞（半径 $R=800$ m，弧长 $L=460$ m），隧洞上游出口后先接 77 m 直线段，再右转弯（半径 $R=500$ m，弧长 $L=437$ m）接上游主航道。上游停泊段布置 6 个靠船墩，间距 25 m，总长 125 m，满足停靠一闸次 2 艘船舶。另外，为保证通航效率，上游引航道隧洞进口外增设 6 个靠船墩，间距 25 m，总长 125 m，供船舶等候过闸。

设计方案总体平面布置见图 5-2。

（2）通航隧洞设计断面

通航隧洞按单线通航设计，平面为弧形布置，弧长 460 m，半径为 800 m；采用曲墙式断面型式，隧洞通航净宽 22 m，通航净高 8 m，通航水深 4.0 m。隧洞开挖最大宽度达 28 m，最大高度 25 m。隧洞内航道有效底高程 290 m。

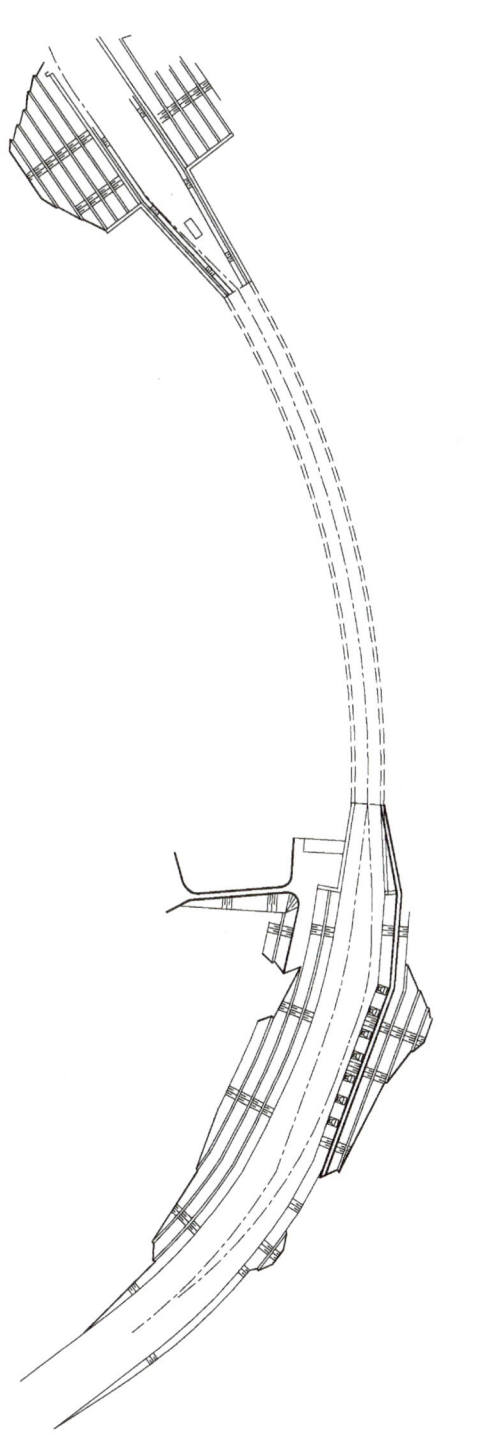

图 5-2 设计方案平面布置图

5.4 隧洞长度 460 m 方案试验研究

在设计方案隧洞有效底高程为 290.0 m 的基础上，保持隧洞断面有效宽度不变，降低隧洞有效底高程，增加隧洞过水面积，扩大断面系数。模型分别又进行了隧洞有效底高程 288.0 m 和 286.0 m 两种断面工况的试验。

5.4.1 静水条件下船舶航行条件

白市通航隧洞为曲线型航道，断面系数较小，船舶航行受岸吸效应、浅水效应以及航道弯曲的影响较大。模型首先进行了静水条件下船舶模拟航行试验，测试船舶航行参数，并根据试验结果确定适合本项目弯曲型隧洞引航道的安全航速范围。

静水条件下船舶航行条件试验表明：

（1）下停泊段静水航速为 1.8 m/s 时船行波波高最大，正向最大船行波波高为 0.22 m，负向最大波高约 0.3 m，对船舶系泊影响较小。隧洞内左侧最大波高大于右侧，最大波高随航速增加而增大，左侧最大波高随船舶上行呈现沿程增加的趋势，在航路末端波高值最大。0.8 m/s、1.2 m/s、1.5 m/s 静水航速下其对应的最大船行波波高分别为 0.27 m、0.41 m、0.45 m。停泊段受上行船舶船行波影响较小，当船舶以 1.5 m/s 静水航速上行时，上停泊段最大波高不超过 0.2 m。

（2）水库死水位时（294.0 m）船舶的航态资料表明，各方案下船舶航行漂角均小于 10°。当船舶以 1.2 m/s、1.5 m/s 静水航速航行时，舵角基本在 25°以内，船舶航态较好；以 0.8 m/s 静水航速航行时，航行舵角较大，船舶操控较为困难；以 1.8 m/s 以上静水航速航行时，船速过快，船舶航行易碰撞隧洞内衬，存在安全风险。

（3）船舶以 0.8 m/s、1.2 m/s、1.5 m/s 静水航速航行时，隧洞宽度能够满足安全通航要求，船舶以 1.5 m/s 静水航速航行时航态最佳。

5.4.2 非恒定流船舶特性

根据设计部门提供的水位资料，白市船闸上游最高通航水位 300 m，最低通航水位 294 m；下游最高通航水位 251.44 m，下游最低通航水位 240.4 m。依据南科院提供的白市省水船闸灌水曲线成果，省水船闸灌水共有 4 种工况，见表 5-3。

表 5-3 船闸灌水工况表

序号	工况编号	上游水位（m）	下游水位（m）	运行方式	备注
1	F1	300	240.40	充水	上游最高通航水位 300.0 m；上游最低通航水位 294.0 m；下游最高通航水位 251.44 m；下游最低通航水位 240.40 m
2	F2	300	251.44		
3	F3	294	240.40		
4	F4	294	251.44		

其中，F1 工况为在上引航道最高通航水位（300 m）与下引航道最低通航水位（240.4 m）组合条件下的船闸灌水流量 $Q-t$ 过程。F3 工况为在上引航道最低通航水位（294 m）与下引航道最低通航水位（240.4 m）组合条件下的船闸灌水流量 $Q-t$ 过程。F1 和 F3 为充水总流量最大的工况，模型选取该成果中的 F1 与 F3 两种工况开展无船非恒定流水流特性试验及非恒定流条件下船模航行试验。

F1 工况与 F3 工况船闸灌水流量 $Q-t$ 过程根据南科院研究成果提供，见图 5-3。

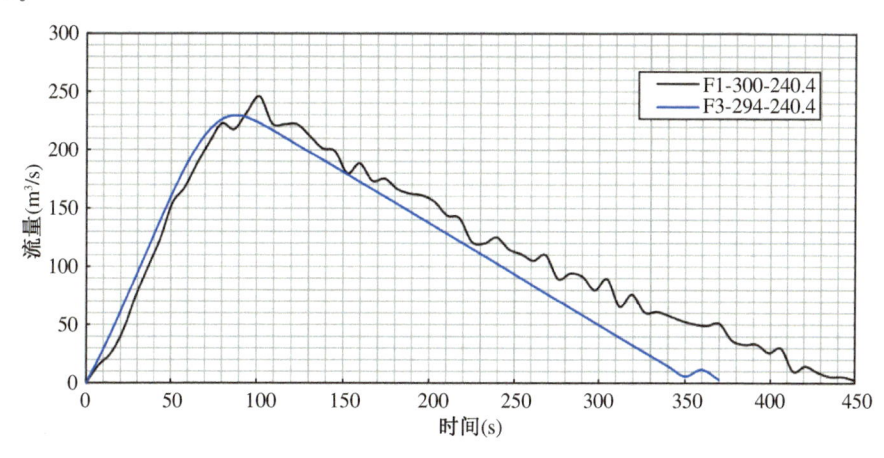

图 5-3 F1 工况与 F3 工况船闸灌水流量 $Q-t$ 过程

当船闸自上游通航隧道向闸室灌水时，在通航隧道内将产生非恒定的纵向波运动，引起的泄水波（负波）将使水面降低，当负波推进至水库时，便又以正波返回，返回的正波和继续推进的负波线性叠加，当正波行进至上闸首，又将发生与原波相同的正波反射，如此叠加，从而使引航道内水面呈现周期性的上升和下降运动，直至波动因沿程损失而衰减。如果通航隧道内的非恒定水流运动较为强烈，则将影响船舶在引航道内的航行。隧洞内非恒定水流的运动特性主要与水面波动的最大幅度以及水流的最大流速有关。

模型对 F1 和 F3 两种工况进行了隧洞不同有效底高程的试验研究，结果如下。

从以上三个隧洞不同有效底高程方案、两种灌水工况的组合试验可知：

（1）船闸从隧洞内取水，灌水过程引起隧洞式引航道系统内水流往复振荡的非恒定流，在取水期间隧洞内非恒定流流速达到最大，随后逐渐往复衰减削弱。

（2）灌水引起的隧洞非恒定流水力特性，与隧洞水体大小关系密切。F1 工况下，隧洞水深较大，其通航水流条件指标（流速、比降）等均优于 F3 工况。F3 工况下，随着隧洞底高程降低，水深增大，隧洞内通航水流条件指标有较为明显的改善。

（3）波高

① 上闸首

F1 工况隧洞不同底高程下负向波动最大值基本一致，均约 0.5 m。隧洞底高程 290.0 m、288.0 m 时正向波动最大值相当，底高程 286.0 m 时正向波动明显减小，最大值 0.28 m。F3 工况下，船闸灌水引起的非恒定流波动正向波动与负向波动基本相当，隧洞不同底高程下上闸首正负向波动最大值基本一致，最大约 0.54 m。

② 下停泊段

F1 工况水位下降速率最大每秒为 0.38 cm，对船舶系泊影响较小。各工况下，下停泊段正向波高最大约为 0.32 m，负向波高最大约为 0.61 m。各工况下水位波动周期随隧洞水深增大而减小，周期为 6~7 min。

F3 工况水位下降速率最大每秒为 0.32 cm，对船舶系泊影响较小，各工况下波动周期随水深增加呈减小趋势，波动周期为 11~13 min。

③ 隧洞段

F1 工况下，最大波幅随隧洞水深增大而减小。隧洞有效底高程 290.0 m、288.0 m、286.0 m 工况下船闸运行期隧洞内最大负向波高分别为 －0.43 m、－0.33 m、－0.32 m，波动引起的水位下降较小，对隧洞通航水深基本无不利影响。同一隧洞底高程时，隧洞沿程波动幅度从上游至下游逐渐增大，即越靠近船闸波动幅度越大，越靠近水库波动越小。水面负向波动强于正向波动，正向波高基本不超过 0.10 m。各工况下波动周期随隧洞水深增大而减小，周期在 6～7 min。

F3 工况下，隧洞底高程为 290.0 m 时，隧洞内水面波动较为剧烈，航行期内隧洞左右岸负向波高最大达到 0.75 m，对船舶通航不利；隧洞底高程为 288.0 m、286.0 m 时，隧洞内左右岸水位波动值比较接近，正向波高在 0.4 m 以下，负向波高最大在 0.53 m，水流条件相对较好。隧洞底高程为 290.0 m 时，船舶航行期最大横比降为 16.69‰，且出现在隧洞出口处，船舶上行进入隧洞需克服较大的横比降，对船舶航行不利；隧洞底高程为 288.0 m、286.0 m 时，航行期隧洞横比降差别不大，最大横比降不超过 10‰，通航水流条件较优。

④ 上停泊段

F1 灌水条件下各工况上停泊段水面波动幅度很小，水面最大振荡幅度不超过 0.10 m，停泊条件优良。

F3 工况下，隧洞底高程与上停泊段底高程的高差越大，上停泊段水面波动幅度越大。即隧洞有效底高程为 286.0 m 时，上停泊段水面波动幅度最大，隧洞有效底高程为 290.0 m 时，上停泊段水面波动幅度最小。船闸灌水引起的水面下降最大约 0.4 m，对船舶靠泊影响较小。隧洞不同底高程工况下，正向最大纵比降差别不大，纵比降在 1.2‰～1.3‰；隧洞底高程 290.0 m 时，由于上停泊段与隧洞底部高差较小，负向纵比降最小，最大负向纵比降约 0.5‰，隧洞底高程 288.0 m、286.0 m 时，最大负向纵比降相当，约为 1‰。

⑤ 根据水位波动判别标准（0.5 m），结合比降等指标，隧洞有效底高程 290.0 m 时航行条件较差，隧洞有效底高程 288.0 m、286.0 m 时满足安全通航要求。

(4) 流速

① 隧洞不同有效底高程条件下，F1 工况水流最大流速小于 F3 工况，F1 工况下船舶在隧洞航行期间隧洞内最大流速基本不超过 0.4 m/s，船舶航行水流条件相对较优。

② 隧洞不同有效底高程条件下，F3 工况下，船闸下停泊段水流流速较小，水流条件良好；隧洞段在船舶航行期间流速最大值随隧洞底高程降低而减小，290.0 m 方案下隧洞沿程正负向最大流速基本均超过 0.5 m/s，288.0 m 方案和 286.0 m 方案最大流速值基本均在 0.5 m/s 以下；上停泊段在 F1 工况下最大流速不超过 0.5 m/s，F3 工况下在灌水期间及灌水结束后流速最大可达 0.8～1.04 m/s，流速超过 0.5 m/s 的时间分成 3 段，每段持续 3 min 左右。由于下行时间较为富裕，船舶可待流速减小至 0.5 m/s 以下后解缆下行。

③ 根据上文提出的流速判别标准，隧洞有效底高程 288.0 m、286.0 m 下停泊段及隧洞内可以满足通航水流条件的要求，上停泊段大流速持续时间较短，且库水位 294.0 m 出现时间较短，可采取管理措施规避大流速时间段或采取局部开挖的措施减小上停泊段流速。

(5) 综合水位、波高及流速等非恒定流水力特性参数，隧洞有效底高程 290.0 m 时通航水流条件较差，隧洞有效底高程 288.0 m、286.0 m 时通航水流条件能够满足安全通航要求。

5.4.3 非恒定流作用下船舶航行条件

从前述非恒定流水流特性试验分析可知，F3 灌水工况下隧洞内通航水流条件劣于 F1 灌水工况。模型施测了 F1 和 F3 灌水工况下的船舶航行试验，主要对 F3 工况下船舶航行条件进行分析。

从非恒定流条件下船舶航行试验结果可知。

(1) 船行波：不同隧洞底高程下，隧洞左侧波高大于右侧波高；隧洞底高程相同条件时，F3 工况波高大于 F1 工况波高，因此应以 F3 工况作为控制工况；隧洞内最大波高随隧洞底高程降低而减小。隧洞底高程 290.0 m、F3 工况下最大波高均超过 0.5 m。

(2) 操舵方法和所用最大舵角：相同工况（隧洞底高程、船舶静水航速）下，船舶在受非恒定流影响下的操舵方法和所用最大舵角与静水条件下没有明显的差异,用舵特征基本相同。

(3) 航态:不同隧洞底高程条件下,船模静水航速为 0.8 m/s、1.8 m/s 时,船舶航行条件较差,操控有较大难度;隧洞底高程为 288.0 m、286.0 m,静水航速为 1.2 m/s、1.5 m/s 时船舶航行姿态较好。

(4) 非恒定流条件下,相对静水条件下而言,船舶平均对岸航速各方案变化都较小,船舶航行时间基本相同,说明非恒定的往复流对船舶的航行阻力影响很小。

5.4.4 小结

综上,静水条件下船舶航行条件试验、非恒定流特性试验及非恒定流作用下船舶航行条件试验结果表明,隧洞底高程为 290.0 m 时水流条件及船舶航行参数超过流速及波高判别标准,船模试验亦反映出该工况下船舶操控难度较大,宜适当降低隧洞有效底高程,增加隧洞断面系数,改善隧洞内通航水流条件。隧洞有效底高程 288.0 m、286.0 m 时通航水流条件较好,船舶以静水航速 1.2~1.5 m/s 航行时航态较好,隧洞尺度能够满足安全通航的要求。

5.5 隧洞长度 550 m 方案试验研究

隧洞延长 90 m 方案,即隧洞总长 550 m,模型选取不利工况,即水库水位为死水位 294.0 m 时,对不同隧洞宽度、底高程条件的隧洞内水流特性及船舶航行参数指标进行了进一步试验研究。

5.5.1 隧洞净宽 22 m 方案试验研究

在隧洞宽度 22 m、隧洞底高程 288 m 的基础上,进行了以下试验:

(1) 马蹄形隧洞断面方案试验

隧洞断面为马蹄形断面、有效底高程 288 m 条件下,静水船舶航行试验、F3 灌水工况下的非恒定流特性试验及非恒定流作用下船舶航行试验。

① 静水条件下船舶航行条件与 460 m 方案相比基本无变化,船舶以 1.2 m/s、

1.5 m/s 的静水航速航行时航态较好，船舶航行船行波略有减小。

② 上闸首波高与 460 m 方案相比增大约 0.27 m，最大波高为 0.83 m；下停泊段最大波高及波幅有所减小，正向最大波高 0.44 m，负向最大波高 −0.44 m；上停泊段最大波高变化甚微；航行期隧洞段最大负向波高 −0.41 m，正向波高 0.35 m，较隧洞长度 460 m 方案减小 0.14 m、0.05 m，对通航安全有利；隧洞段纵比降、横比降与 460 m 方案相比变化较小。

③ 隧洞加长后，各测点流速变化过程线与加长前几乎一致，流速变化周期略有减小。

④ 非恒定流作用下船舶航行船行波比加长前略有减小，船舶以静水航速 1.5 m/s 航行时最大船行波约 0.20 m；船舶以 1.2 m/s、1.5 m/s 静水航速航行时航态较好，舵角均不超过 25°；对岸航速与 460 m 方案相比变化范围在 −0.04～0.03 m/s 之间。

⑤ 综上，隧洞加长后，其灌水期间水力特性与加长前相比没有明显变化，船舶以 1.2 m/s、1.5 m/s 静水航速航行时航态较好，能够满足通航安全及通航效率的要求。

(2) 矩形隧洞断面方案试验

在（1）的基础上进行优化，即将通航隧道断面调整为复式断面，下面设置进水廊道，上面为通航隧道，中间以盖板封闭。进水廊道顶高程为 290.0 m，通航隧道断面为矩形。

隧洞采用复式断面，上部为静水通航区，下部为船闸取水廊道时：

① 船舶航行引起的水面升高最大约 0.48 m，与马蹄形断面（相同底高程 290 m）相比有所增大，主要因为矩形隧洞断面形态下断面系数较小，船舶阻力增大。

② 由于隧洞水深较浅，断面系数较小，不同航速条件下船舶最大舵角均超过 25°。船舶操控较为困难，不同航速下船舶航迹线均呈连续"S"形，船舶航行存在一定安全隐患。

③ 马蹄形隧洞断面形态其断面系数为 11.12，而矩形断面形态断面系数仅为 5.58，隧洞断面系数大幅减小，船舶航行阻力增加比较明显，不同静水航速下，船舶对岸航速值减小 0.14～0.19 m/s，对船闸运行效率有较不利影响。

5.5.2 隧洞净宽 18 m 方案试验研究

模型对隧洞净宽进行进一步调整：隧洞净宽缩窄为 18 m，隧洞中心线不变。根据隧洞底高程不同进行了 289 m 和 289.5 m 底高程的试验，对 F3 工况下隧洞内非恒定流特性及船舶航行参数进行了测量和分析。

(1) 非恒定流传播特性

船闸灌水期间，相同时刻隧洞自上游至下游水位变动呈现逐步减小的趋势，隧洞内负向水位变幅超过 0.6 m，底高程 289.5 m 时，水位正向波动增大；隧洞内最大流速值呈现自下游向上游逐渐增加的趋势，隧洞上游最大流速可达 1.0 m/s 以上，灌水结束后隧洞内沿程最大流速均超过 0.5 m/s，水流条件较差，隧洞底高程抬高 0.5 m 后，隧洞内最大流速有所增加，流速增幅在 -0.1～0.1 m/s。

(2) 非恒定流作用下船舶航行条件

隧洞尺度减小后，水位波动及流速增幅较为明显，灌水后船闸内待闸船舶直接出闸时，隧洞内的流速及水位波动较大且隧洞较为狭窄，从前述试验结果来看，船舶航行较为困难。因此，模型试验还进行了灌水结束后 15 min 和 30 min 再出闸上行的试验研究，分别避开灌水引起的非恒定流第二个周期和第三个周期的峰值。根据前述试验结果，选取船模静水航速 0.6 m/s、0.8 m/s、1.0 m/s 进行了试验。

① 船行波试验

船行波试验结果表明，由船舶航行引起的水面波动增加最大约 0.60 m，各工况下测点船行波较大，隧洞中部测点最大。相同航速下，灌水后间隔时间越长开闸，船舶船行波越小，其原因是隧洞内水流流速和波动有了较大幅度的减弱，船舶航行阻力减小。相同开闸时间条件下，对岸航速为 0.8 m/s 时船舶操控相对较好，船行波略小于其他对岸航速下船行波。

② 船舶航态

船舶航态结果分析如下：在灌水后 0 min 出闸、船舶以 0.6 m/s 静水航速上行时，船舶航行时存在无法前行甚至出现倒退现象，船舶航行通过隧洞时所操舵角最大为 34.59°；船舶以 0.8 m/s 静水航速上行时，船舶通过隧洞时所需舵角最大为 30.21°，航道内多处隧洞边壁较近，仍需操大于 25°舵角调整航态；船舶以 1.0 m/s 静水航速航行时，在出隧洞时船艉与边壁相撞，且航行时调整航态所需舵角最大为 31.41°。

在灌水后 15 min 出闸、船舶以 0.6 m/s 静水航速上行通过隧洞时，由于对岸航速较小，船舶在进、出隧洞时均需操 35.00°舵角调整航态，船舶在隧洞弯道顶端处时，最大需操 30.68°舵角调整航态；船舶以 0.8 m/s 静水航速航行时所操舵角最大为 28.02°，在隧洞内通航航态相对较好，距边壁安全距离均大于 1 m；船舶以 1.0 m/s 静水航速通过隧洞时，所操舵角最大为 33.70°，航行时船舶航行漂角均大于 8°，使得船舶航行时距隧洞边壁较近，存在"贴壁航行"状态。

在灌水后 30 min 出闸、船舶以 0.6 m/s 静水航速上行时，进入隧洞时船舶最大操 32.77°舵角调整航态，行至弯道顶端时调整航态所需舵角最大为 30.14°，均大于 25°；船舶以 0.8 m/s 静水航速上行，在隧洞段通航时，调整航态所需舵角最大为 24.42°，位于进入隧洞时，进入隧洞后调整航态所需舵角均小于 20°，航态较好；船舶以 1.0 m/s 静水航速上行时，船舶通过隧洞顶端处时距隧洞边壁安全距离最小约 0.5 m，船舶最大需操 32.26°舵角调整航态，碰撞风险较大。

由船模航行试验结果可知，隧洞底部高程加高至 289.5 m 后，各工况下，船舶通航条件较 289 m 高程方案有所恶化，但总体变化不是很大。在灌水 15 min 后出闸，船舶以 0.8 m/s 航速上行可通过隧洞，但航行时所需舵角最大为 28.02°，航速过慢（0.6 m/s）时，船舶航行时所需舵角较大，超过 30°，航速过快（1.0 m/s）通过隧洞时则离隧洞边壁较近，易发生碰撞。

③ 航行参数

不同出闸时间、不同静水航速条件下船舶航行参数见表 5-4。

根据模型统计，隧洞宽度 18 m、底高程 289.5 m 时，船闸灌水后 15 min 船舶出闸，以 0.8 m/s 静水航速航行通过上游隧洞式引航道，船闸一个闸次运行时间为 110 min；船闸灌水 30 min 后船舶出闸上行，船闸一个闸次运行时间约为 130 min。

第5章 隧洞安全通航研究应用

表 5-4 船舶航行参数

航宽 18 m+底高程 289 m 方案					航宽 18 m+底高程 289.5 m 方案			
静水航速 (m/s)	航行时间 (min)	对岸航速区间 (m/s)	最大舵角 (°)	航行评价	静水航速 (m/s)	航行时间 (min)	对岸航速区间 (m/s)	最大舵角 (°)	航行评价
0.6	3	0.32~0.85	35.00	舵效差,有"倒退"现象	0.6	3	0.35~0.84	34.59	舵效差,有"倒退"现象
0.8	3	0.47~0.90	35.00	与边壁安全距离小	0.8	3	0.38~1.43	30.21	与边壁安全距离小
1.0	3	0.62~0.95	24.45	碰壁	1.0	3	1.03~1.66	31.41	碰壁
0.6	15	0.42~0.85	35.00	舵效差	0.6	15	0.46~0.84	35.00	舵效差
0.8	15	0.66~1.20	27.71	基本可通航	0.8	15	0.51~1.15	28.02	基本可通航
1.0	15	0.69~1.37	30.85	贴壁航行	1.0	15	0.76~1.48	33.70	贴壁航行
0.6	30	0.50~0.86	35.00	舵效差	0.6	30	0.47~1.03	30.14	舵效差
0.8	30	0.74~1.09	23.75	可通航	0.8	30	0.65~1.13	24.42	可通航
1.0	30	0.79~1.35	23.58	有碰壁风险	1.0	30	0.67~1.29	32.26	距边壁最小 0.5 m

123

(3) 船舶与隧洞宽度关系计算分析

① 隧洞宽度分析

模型对隧洞不同净宽条件下的船舶航行参数及航行条件进行了试验分析，现结合《内河通航标准》(GB 50139—2014)，对适宜本河段通航船舶通航的隧洞净宽进行计算分析。

根据《内河通航标准》，限制性航道单线航道尺度计算可依据以下公式：

$$B_1 = B_F + 2d \tag{1}$$

$$B_F = B_S + L\sin\beta \tag{2}$$

式中，B_1 为直线段单线航道宽度（m）；B_F 为船舶（队）航迹带宽度（m）；B_S 为船舶（队）宽度（m）；L 为船舶（队）长度（m）；d 为船舶（队）至航道边缘的安全距离；β 为船舶（队）航行漂角。

《内河通航标准》中计算航道宽度的参数，安全距离规范取值为 0.34~0.40 倍 B_F，参考交通运输部天津水运工程科学研究院 2004—2006 年承担的西部交通建设科技项目"高坝通航中间渠道和渡槽的尺度及通航条件研究"，对于此类航速较低的特殊限制性航道，安全距离可取 $0.17B_F$。

对于漂角取值，《内河通航标准》规定Ⅰ～Ⅴ级航道可取 3°，由于本项目平面为弯道，根据本项目船模试验成果，流速较大时，船舶航行漂角远大于 3°；在隧洞水流流速较小时，漂角相对较小，漂角取 4°进行计算。

对于贵州省 500 t 级代表船型，其单线航道宽度计算值：$B_F = 10.8 + 55 \times \sin(4/180 \times 3.1416) \approx 13.68$ m，$B_1 = B_F + 2d = 1.34 \times B_F \approx 18.3$ m。

以上计算分析表明，隧洞宽度 18 m，隧洞内水流流速较小时，隧洞尺度基本能满足贵州省 500 t 级船舶通航要求，与试验成果也较为相符。

② 贵州标准 1 000 t 级船型适航性

贵州标准 1 000 t 级船型尺度为 57 m×10.8 m×2.67 m（总长×型宽×吃水），其长度比 500 t 级单船长 2 m，根据上述公式计算分析其单线航道宽度为 18.7 m，隧洞尺度基本能满足贵州省 1 000 t 级船舶通航要求。但由于吃水较深，船舶阻力增大，船舶操纵性能势必将有所降低。

③ 内河通航标准船型适航性

对于内河通航标准船型 500 t 级单船、1 000 t 级单船，其尺度分别为

67.5 m×10.8 m×1.6 m（总长×型宽×吃水）、85 m×10.8 m×2.0 m（总长×型宽×吃水），根据上述公式计算分析其单线航道宽度为 20.7 m、22.4 m，隧洞宽度 18 m 将不能满足通航要求。

综上，对于净宽 18 m 通航隧洞，在隧洞内水流流速较小时，基本能满足贵州省标准通航船型 500 t 级、1 000 t 级单船通航要求；当船舶尺度（主要为总长）进一步增加时，隧洞尺度已不能够满足通航要求。

（4）停泊段系缆力

船舶停泊在下停泊段最大横向系缆力为 2.4 kN，最大纵向系缆力为 1.4 kN。见图 5-4。

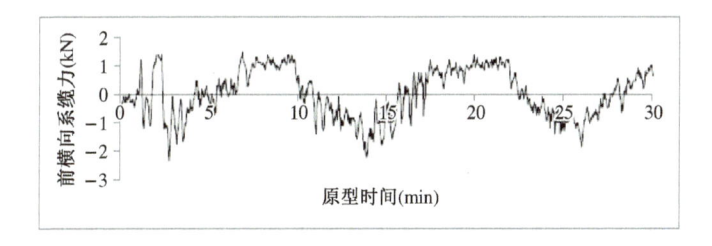

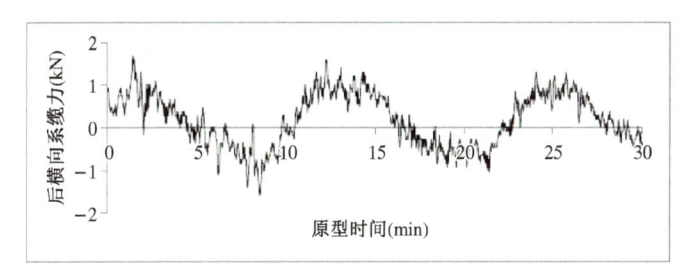

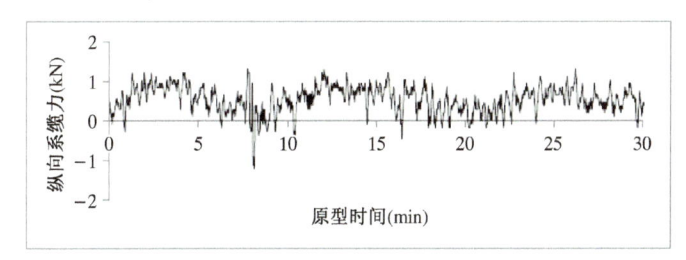

图 5-4 停泊在下停泊段系缆力

船舶停泊在上停泊段最大横向系缆力为 3 kN，最大纵向系缆力为 7 kN。见图 5-5。

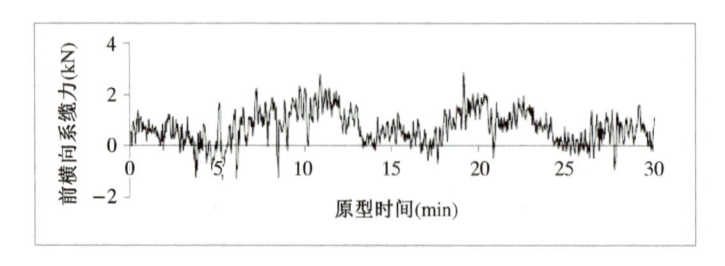

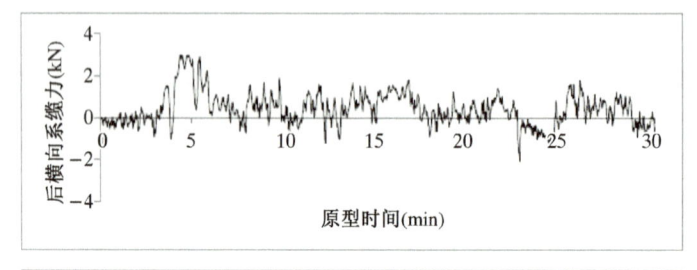

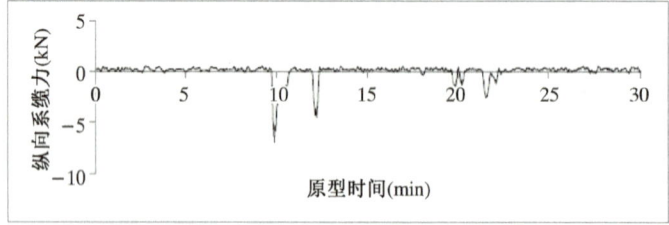

图 5-5　停泊在上停泊段系缆力

5.6　结论与建议

5.6.1　结论

（1）静水船模试验表明：隧洞底高程不同条件下，船模通过平面形态弯曲型隧洞均需要相对较大的操舵角。根据相关规定和工程实践，对于弯道型隧洞，以最大舵角不超过 25°来判断船舶操控难易度较为合理。

（2）由于船闸从上引航道取水，隧洞式上引航道通航系统内在灌水停止后会产生随时间逐渐衰减的非恒定的纵向波运动。随着隧洞有效水深的增加，隧洞内最大波高总体呈减小趋势；在有效水深不变条件下，隧洞内往复流的表层流速、波周期随时间总体呈减小的趋势。

（3）F1工况较F3工况水深大，隧洞断面系数较大，隧洞内水流条件及船舶航行条件均比F3工况有利，F3工况为决定隧洞断面尺度及船舶安全航行的控制性工况。

（4）隧洞长度460 m工况非恒定流水流试验表明：各方案上闸首及下停泊段受隧洞底高程变化影响较小，最大波高差别不大，最大值不超过0.6 m；船舶在下停泊段待闸时，最大流速约0.24 m/s，船舶进闸时，航线流速基本均不超过0.10 m/s，待闸及航行条件较优。

上停泊段最大波高受隧洞底高程影响较大，底高程为290.0 m时最大波高较小，而在隧洞底高程288.0 m及286.0 m时较大，负向波高最大约0.4 m。F1工况下，上停泊段船舶解缆下行时间最早约为灌水结束后30 min，此时上停泊段流速基本不超过0.2 m/s，航行条件良好；F3工况下，在灌水期间及灌水结束后流速最大可达0.8~1.04 m/s，流速超过0.5 m/s的时间分成3段，每段持续3 min左右。由于下行时间较为富裕，船舶可待流速减小至0.5 m/s以下后解缆下行。上停泊段大流速持续时间较短，且库水位294.0 m出现时间较短，可采取管理措施规避大流速时间段或采取局部开挖的措施减小上停泊段流速。

隧洞段水位波动受隧洞底高程影响较大。隧洞有效底高程290.0 m时，航行期内隧洞左右岸负向波高最大达到0.75 m，水位波动剧烈，隧洞出口横比降达16.69‰，对船舶上行通航不利；隧洞底高程为288.0 m、286.0 m时，隧洞内左右岸水位波动值比较接近，正向波高在0.4 m以下，负向波高最大在0.53 m，隧洞内纵比降、横比降均较小，通航条件较好。

隧洞内流速：F1工况下船舶在隧洞航行期间隧洞内最大流速基本不超过0.4 m/s，船舶航行水流条件相对较优。F3工况下，隧洞段在船舶航行期间流速最大值随隧洞底高程降低而减小，290.0 m方案下隧洞沿程正负向最大流速基本均超过0.5 m/s，超过流速控制标准，通航水流条件相对较差，288.0 m方案和286.0 m方案最大流速值基本均在0.5 m/s以下，通航水流条件较优。

（5）隧洞长度460 m工况非恒定流作用下船舶航行条件表明：不同隧洞底高程下，隧洞左侧波高大于右侧波高；隧洞底高程相同时，F3工况波高大于F1工况波高；隧洞内最大波高随隧洞底高程降低而减小。隧洞底高程290 m、F3工况下最大波高均约0.7 m，对通航有不利影响；隧洞底高程288.0 m、286.0 m在

F3 工况下最大波高基本不超过 0.5 m，对通航影响较小。

不同隧洞底高程条件下，船模静水航速为 0.8 m/s、1.8 m/s 时，船舶航行姿态较差。船舶低速航行时（静水航速 0.8 m/s），航行姿态一般，航迹线呈"S"形，由于舵效较差，使得船舶航行时距隧洞内衬较近，操控有较大难度；船舶以静水航速 1.8 m/s 航行时，船速较快，若操舵不及时船舶易与隧洞内衬发生碰撞，存在安全隐患。隧洞底高程为 288.0 m、286.0 m，静水航速为 1.2 m/s、1.5 m/s 时船舶航行姿态较好，舵角基本均不超过 25°，船舶能较好地沿中心线航行，与静水条件下航行参数差异较小。

（6）隧洞长度 550 m 时，灌水期间水力特性与加长前相比没有明显变化，船舶以 1.2 m/s、1.5 m/s 静水航速航行时航态较好，能够满足通航安全及通航效率的要求。上闸首波高较 460 m 工况增大约 0.27 m。

（7）隧洞采用复式断面时，船舶航行引起的水面升高最大约 0.48 m，与马蹄形断面相比有所增大，主要因为矩形隧洞断面形态下断面系数较小，船舶阻力增大。由于隧洞水深较浅，断面系数较小，不同航速条件下船舶最大舵角均超过 25°。船舶操控较为困难，不同航速下船舶航迹线呈连续"S"形，船舶航行存在安全隐患。马蹄形断面形态断面系数为 11.12，而矩形断面形态断面系数仅为 5.58，隧洞断面系数大幅减小，船舶航行阻力增加比较明显。

（8）以上试验研究表明，隧洞内船舶安全通航以水流流速 0.5 m/s、水位波动 0.5 m、船舶舵角最大不超过 25° 为判别标准是比较适宜的。

（9）隧洞断面不同尺度下船模适航条件：根据静水条件下船舶航行试验、非恒定流船舶特性试验和非恒定流作用下船舶航行条件共 100 多组次的试验结果，综合对比分析得出：

隧洞宽度 22 m、底高程 288 m 时，船闸灌水后船舶可以 1.2～1.5 m/s 静水航速安全上行通过隧洞；

隧洞宽度 18 m、底高程 289 m 时，船闸灌水 15 min 后船舶以 0.8 m/s 静水航速可安全上行通过隧洞；

隧洞宽度 18 m、底高程 289.5 m 时，船闸灌水 15 min 后船舶以 0.8 m/s 静水航速基本可安全上行通过隧洞，航行参数与底高程 289 m 相比略差。

（10）隧洞宽度 22 m，底高程 288 m 时，船舶出闸不需等待，船闸一个闸次运行时间约为 91.5 min；隧洞宽度 18 m，底高程 289.5 m 时，船舶出闸宜等待

15～30 min。灌水后等待 15 min 时，船闸一个闸次运行时间约为 110 min；灌水 30 min 后船舶出闸上行，船闸一个闸次运行时间约为 130 min。

（11）对于净宽 18 m 通航隧洞，在隧洞内水流流速较小时，基本能满足贵州省标准通航船型 500 t 级、1 000 t 级单船通航要求；当船舶尺度（主要为总长）进一步增加时，隧洞尺度已不能够满足通航要求。

5.6.2 建议

（1）船舶在通航隧洞航行时，尽量避免使用大于 30°舵角，船模航行试验结果表明，当船舶舵角大于 30°时，船舶易发生撞壁。

（2）船舶进入隧洞时应控制船位，保持船首贴左侧岸线航行。

（3）隧洞两岸内衬宜安装防撞装置。

第 6 章

小尺度自航船模发展的智能化趋势

迄今自航船模技术积累了大量的实践经验，采用保守替代方案，克服了其技术自身的局限性，可为通航水流条件的研究提供技术参考。考虑到试验结果具有一定的随机性，往往需结合水动力试验结果和船模操纵经验来判断船模试验的可靠性。试验用小尺度自航船模因自身载重和空间限制，在智能化方向进展较为缓慢。但自动控制技术及无线通信技术的发展，特别是无人机、无人船产业对设备轻量化及微型化的推动，为未来试验用自航船模的智能化提升提供了可能。通过船模试验设备的智能化升级改造，实现机器自动驾驶代替人工驾驶，为攻克变航速下船舶操纵性相似修正、视角相似、时间比尺等技术难题提供了解决方案。

6.1 船模试验技术发展

6.1.1 运用智能化技术克服时间比尺问题

人工驾驶船模的难度大于实船驾驶难度，现有自航船模技术多将时间比尺问题视为一种安全系数予以容忍。未来可通过自动控制算法代替人工驾驶，缩短"感应决策发出指令"操纵过程的时间，可有效避免缩尺效应。实船的自动化控制算法有着丰富的研究成果，但试验用船模不仅需要考虑船舶自动驾驶，同时还需考虑如何实现与人工驾驶相似。开发仿人工驾驶算法，根据各流域实际情况建立船员驾驶习惯数据库，是小尺度自航船模智能化发展的重要方向。

6.1.2 运用智能化技术提高操纵性相似修正水平

船模操纵性与船模航速正相关。因存在缩尺效应，船舶缩尺后阻力增大，试验中多采用增大螺旋桨转速来保持航速相似。但增大转速的同时导致操纵性提高，为保持操纵性相似，需减小舵面积。而舵面积的减小，不能同时满足在不同航速下的船模与实船操纵性相似。理论上采用等效舵角实时修正船模应舵性能是可行的。通过智能控制算法，修正操纵性能缩尺效应也是小尺度自航船模智能化发展方向。

6.1.3 采用虚拟现实技术解决视角相似问题

虚拟现实技术（VR）在船舶模拟器中的应用较为广泛，如船员训练、通航环境试验研究等。在目前常用船舶操纵模拟器中，可实现1∶1无视差仿真船舶驾驶环境（见图6-1），能够真实反映通航环境通视条件，驾驶员可实时感知船舶航行姿态。水工/河工模型中，西南水运工程科学研究所研制的船模驾驶室监控系统[59]，初步解决了船模驾驶的视角相似问题，但受限于船舶载重、信号传输速率等条件，尚未成熟推广。未来随着虚拟现实技术的进一步发展，可为小尺度自航船模的视角相似问题提供解决方案。

图6-1　360°数值船舶操纵模拟器驾驶台

6.2　小尺度自航船模应用拓展

6.2.1　船舶自动驾驶算法

国内小尺度自航船模多应用于航道工程研究，随着海洋和信息技术的进一步发展，船舶的绿色、信息化和智能化将成为全球货船的主流。对船舶智能化而言，虽有学者基于数值模拟进行了类似研究[60]，但尚未形成成熟的智能船舶仿人驾驶研究体系。从国外近年发表的研究成果来看，采用智能化自航船模进行船舶自动控制程序开发成为研究热点。可见应用小尺度遥控自航船模进行仿人工船舶自动驾驶研究算法验证是可行的。

6.2.2 多船运动联合模拟

多船运动联合模拟在航道通过能力、交通流以及交通安全研究方面有重要意义。以往研究多以数学模型开展研究，但受限于计算机算力，数学模型进行了大量的假设和简化。国内外在多船运动联合模拟方面已进行了初步探索，未来着眼于智能化精细模拟，多组自航船模试验仍有较大的发展空间[12,61-63]。

参考文献

[1] 闫涛,乾东岳,栗克国,等. 实验室小尺度自航船模发展现状及智能化趋势[J]. 江苏海洋大学学报(自然科学版),2021,30(1):65-71.

[2] 李一兵,王育林. 船模航行试验技术在水运工程研究中的应用[J]. 水道港口,2004,25:8-13.

[3] 长江水利水电科学研究院. 葛洲坝水利枢纽 1/100 船模率定报告[R]. 武汉:长江水利水电科学研究院,1976.

[4] 王育林,李一兵,彭诗海,等. 船模航行试验技术及在航道工程中的应用[J]. 水道港口,1997(4):8-15.

[5] AYUKAWA K, FOSTER W T. Remote control of model ships: Report (National Research Council of Canada. Radio and Electrical Engineering Division; ERB); no. ERB-808[Z]. National Research Council of Canada, Radio and Electrical Engineering Division, 1968.

[6] SKJETNE R, FOSSEN T I, KOKOTOVIC P V. Adaptive maneuvering, with experiments, for a model ship in a marine control laboratory[J]. Automatica, 2005, 41(2):289-298.

[7] RAMOS A, CONTRERAS J. Adaptive Fuzzy Autopilot for a Scale Ship Model[J]. Applied Mechanics and Materials, 2015, 798:249-255.

[8] GHAEMI R, OH S, SUN J. Path following of a model ship using Model Predictive Control with experimental verification: Proceedings of the 2010 American Control Conference, 2010[C]. New York: ZEEE.

[9] SHEN H Q, HASHIMOTO H, MATSUDA A, et al. Automatic collision avoidance of

multiple ships based on deep Q-learning[J]. Applied Ocean Research, 2019, 86: 268-288.

[10] 高家铺,翁启钧,倪士龙. 小比尺船模操纵性试验研究[J]. 中国航海,1979(1):62-74.

[11] 郝亚平. 自航船模航迹自动记录仪研制报告[J]. 海工科技,1980(4):1-9.

[12] 郝亚平,熊鹰. 无线电遥测与微型计算机联机构成的船模试验数据采集与处理系统:1990年全国遥测遥控遥感学术年会论文集[C]. 洛阳:中国电子学会遥感遥测遥控学会.

[13] 郝亚平. 无线电遥控自航船模的制做[J]. 海工科技,1980(3):141-148.

[14] 刘耀明. 利用自航船模试验预报分节顶推船队操纵性的研究[J]. 武汉水运工程学院学报,1985(1):47-52.

[15] 岑长裔. 单桨船模自航试验的相似准则与模拟方法[J]. 船舶力学,1997(2):1-7.

[16] 费乃振,杨文明,郭斌仙,等. 遥控自航船模舵减摇试验研究[J]. 中国造船,1998(2):49-52.

[17] 严伟,李利,孙家斌. 三峡工程通航船队船模操纵性率定试验研究[J]. 长江科学院院报,1999(3):1-4.

[18] 刘卫斌,吴华伟. 船模阻力试验不确定度评定改进技术研究[J]. 中国造船,2004,045:22-29.

[19] 李晓飚,汪拥赤. 小尺度船模通航试验测量数据的平滑与滤波[J]. 长江科学院院报,2004(4):11-13.

[20] 刘志华,熊鹰,韩宝玉. 雷诺相似船模预报实船推进因子的数值方法[J]. 哈尔滨工程大学学报,2008(7):658-662.

[21] 何惠明. 船模规则波自航试验方法[J]. 上海船舶运输科学研究所学报,2009,32(1):33-35.

[22] 施奇,杨大明,尹赟凯. 拖曳水池船模阻力试验不确定度分析[J]. 江苏科技大学学报(自然科学版),2010,24(5):428-433.

[23] 孙子翰,陈伟民,吴梓鑫,等. 基于自由自航模回转试验的不确定度分析[J]. 上海船舶运输科学研究所学报,2020,43(1):5-9+26.

[24] 郭京,孙树政,任慧龙. 沿海风浪环境下大尺度船模耐波性试验研究[J]. 舰船科学技术,2015,37(S1):59-64.

[25] 吴乘胜,邱耿耀,魏泽,等. 船模阻力数值水池试验不确定度评估[J]. 船舶力学,2015,19(10):1197-1208.

[26] 陈永奎. 自航船模的应用与发展[J]. 长江志季刊,2001(2):60-66.

[27] 陈永奎. 船模试验技术在葛洲坝和三峡工程中的应用与发展[J]. 长江志季刊,2004(1): 29-35.

[28] 严伟,陈永奎,杨文俊. 三峡工程明渠通航船模与实船试验[J]. 长江科学院院报,2000, 17(2):1-5.

[29] 王育林,李一兵,彭诗海,等. 船模航行试验技术及在航道工程中的应用[J]. 水道港口, 1997(4):8-15.

[30] 李一兵,李发忠. 葛洲坝三江下引航道口门区通航条件改善措施探讨[J]. 水道港口, 2005,26(3):154-158.

[31] 李一兵,江诗群,李富萍. 船闸引航道口门外连接段通航水流条件标准[J]. 水道港口, 2004,25(4):179-184.

[32] 李宪中,赵连白,李一兵. 改善葛洲坝枢纽大江船闸下引航道航行条件的长江委"W"方案验证及船模试验研究[J]. 泥沙研究,2001(1):48-56.

[33] 李旺生,李一兵,曹民雄,等. 山区河流航道整治关键技术研究[Z].

[34] 李一兵,刘俊涛,黎国森,等. 铜鼓航道改线方案航道北线通航条件物理模型试验研究[Z].

[35] 蔡汝哲,蔡创. 通航小尺度船模相似性问题[J]. 中国港湾建设,2005(4):26-28.

[36] 刘中峰,刘达,黄本胜,等. 孟洲坝枢纽二线船闸上引航道通航水流条件试验研究[J]. 水运工程,2019(1):119-125.

[37] 蔡新永,李晓飚,汪拥赤,等. 基于船模的枢纽通航及码头靠离泊试验研究[J]. 水运工程,2018(9):119-123.

[38] 林宇健,刘晓平,徐大彬,等. 大源渡枢纽上游引航道隔水墙布置方案模型试验[J]. 水运工程,2017(1):121-124.

[39] 蔡汝哲,郑涛. 弯道航行漂角计算方法研究[J].长江科学院院报,2012,29(11):42-45.

[40] AI W Z, ZHU P F. Navigation Ship's Drift Angle Determination Method in Curved Channel[J]. Journal of coastal research, 2020, 109: 181-184.

[41] 戴玉婷. 连续弯曲航道水流条件对通航影响的试验研究[D]. 长沙:长沙理工大学,2009.

[42] 曾方. 长江东溪口航道整治船模通航试验研究[J]. 水运工程,2017(2):71-76+82.

[43] 陈野鹰,李兴亮,刘志敏. 库区连续急弯段的通航水流条件研究[J]. 水道港口,2016, 37(5):520-523.

[44] 蔡创,蔡新永.基于小尺度船模技术的小半径回头弯曲航道试验研究[J].重庆交通大学

学报(自然科学版),2019,38(12):81-85+96.

[45] 徐高钺. 激光船模轨迹仪误差分析和最佳工作区域研究[J]. 上海交通大学学报,1988,22(2):84-92+116.

[46] 周杨艾竹. 自航船模航行轨迹测量方法研究[D]. 重庆:重庆大学,2018.

[47] 刘晓平,郑斌,乾东岳,等. 一种通航船模实验航行过程重现方法:CN201210533947.X[P].2014-08-06.

[48] 严新平. 内河新一代航运系统构建的思考[J]. 中国水运(上半月),2021(5):6-8.

[49] 中华人民共和国交通运输部. 2019年交通运输行业发展统计公报[Z].

[50] 中国政府网. 中共中央关于制定国民经济和社会发展第十四个五年规划和二〇三五年远景目标的建议[EB/OL]. (2020-11-03). https://www.gov.cn/zhengce/2020-11/03/content_5556991.htm.

[51] 刘聪. 大型水利枢纽施工期通航风险动态评价方法研究[D]. 武汉:武汉理工大学,2018.

[52] 刘大滨. 内河引航道口门流动控制数学模型研究[D]. 北京:清华大学,2003.

[53] 周淑芹. 引航道口门区通航水流条件的研究[D]. 重庆:重庆交通大学,2008.

[54] 陈作强. 通航建筑物口门区及连接段通航水流条件研究[D]. 成都:四川大学,2006.

[55] 王晓丽. 小南海水利枢纽通航建筑物引航道口门区水流条件数值模拟研究[D]. 重庆:重庆交通大学,2011.

[56] 交通部上海船舶运输科学研究所. 长江航道小比尺船模操纵性试验研究——船模与实船操纵性能的相互关系[R]. 上海:上海船舶运输科学研究所,1979.

[57] 长江航道科研所. 长江2000匹马力推轮船队鄱阳湖实船操纵性试验报告[R]. 武汉:长江航道科研所,1977.

[58] 武汉水运工程学院. 长江2003船队1/100模型操纵性试验报告[R]. 武汉:武汉水运工程学院,1978.

[59] 汪拥赤,蔡汝哲,李晓飚. 通航小尺度船模试验研究[J]. 长江科学院院报,2005,22(2):5-8.

[60] XUE J, WU C Z, CHEN Z J, et al. Modeling human-like decision-making for inbound smart ships based on fuzzy decision trees[J]. Expert Systems with Applications, 2019, 115: 172-188.

[61] ZHANG W B, ZOU Z Y, GOERLANDT F, et al. A multi-ship following model for icebreaker convoy operations in ice-covered waters[J]. Ocean Engineering, 2019, 180(15): 238-253.

[62] 李啸雨,许劲松,杨荣武.多船会遇自主避碰算法[J].船舶工程,2018,40(9):67-71+101.

[63] 沈海青.基于强化学习的无人船舶避碰导航及控制[D].大连:大连海事大学,2018.